目錄

第一篇
前方穿越者，報上名來

第 1 章 連人都不會叫，你還是回現代去吧 ……………………… 008

第 2 章 名字取不好，小命會難保 ……………………………… 015

第 3 章 字典沒翻爛，還敢說自己會取名？ ……………………… 021

第二篇
古典美女可沒那麼好當

第 1 章 娘子，妳把我的衣服穿走了我穿什麼呀？ …………… 030

第 2 章 唐朝美女的衣櫃裡永遠少一件胡服 …………………… 038

第 3 章 誰家小娘子不是美髮學校的高材生呢？ ……………… 048

第 4 章 唐朝「美妝達人」尖叫上線 …………………………… 056

第三篇
是何等美食讓唐朝美女放棄了身材管理

第 1 章 反正是夢，不如直接拿宮廷盛宴來開胃！ ⋯⋯⋯⋯ 066

第 2 章 何以解憂？唯有瓜果。摒棄肥胖擔憂後的甜食主義！ 074

第 3 章 升官發財？大宴賓客，尋常飯菜怎能滿足？ ⋯⋯⋯ 081

第 4 章 當你在唐朝街頭走一走，肚子又鼓了一圈 ⋯⋯⋯⋯ 089

第四篇
不用做「房奴」是一件多麼幸福的事情

第 1 章 人有多大官，家住多大房 ⋯⋯⋯⋯⋯⋯⋯⋯ 104

第 2 章 家宅平安發財暴富全靠風水了！ ⋯⋯⋯⋯⋯⋯ 114

第 3 章 唐朝的室內設計師必須打五星好評 ⋯⋯⋯⋯⋯ 119

第 4 章 如何一勞永逸地假裝自己是個讀書人 ⋯⋯⋯⋯ 123

目錄

第五篇

敢問路在何方？路在腳下

第 1 章 沒有 GPS 怎麼規劃路線呢？ ……………………… 128

第 2 章 沒有駕照也可以在唐朝的大道上馳騁 ……………… 138

第 3 章 一年住 300 天驛館，不如辦張年卡吧？ ………… 142

第六篇

茶與酒，誰才是唐朝飲品界的 Top

第 1 章 借酒消愁，借哪瓶酒呢？ ………………………… 150

第 2 章 聽說唐朝酒吧有酒姬行酒令呢！ ………………… 155

第 3 章 沒有保溫杯也不能放棄養生啊 …………………… 164

第 4 章 喝茶五分鐘，備茶兩小時 ………………………… 169

第七篇
紅白喜事規矩多，千萬小心別犯忌

第 1 章 娶個唐朝老婆可沒那麼簡單 …………………… 178

第 2 章 什麼！結婚結不好，可能會進監獄 …………… 192

第 3 章 參加白事別光哭，記住規矩最重要 …………… 203

第八篇
學而優則仕，一起努力考科舉吧

第 1 章 別老是找我兒子玩，他以後是要考狀元的 ………… 212

第 2 章 只會考試可不行，你還得提前請老師喝茶 ………… 222

第 3 章 這位考生暈倒了！快來套心肺復甦術！ …………… 227

第 4 章 官場不留爺，自有留爺處 …………………… 236

目錄

第九篇
後宮生存指南

第 1 章 皇帝的女人，分三六九等 ………………………… 242

第 2 章 想宮鬥？連皇宮你都進不去 ………………………… 253

第 3 章 人在後宮，身不由己 ………………………… 259

第十篇
精神世界太空虛，選個宗教信仰吧

第 1 章 我佛慈悲，請保佑世界和平吧！ ………………………… 266

第 2 章 穿越者靠邊站，沒事別打擾我修仙！ ………………………… 282

第 3 章 竟然聚眾搞封建迷信？我要報警了 ………………………… 288

……

第一篇

前方穿越者，報上名來

假如你 生活在唐朝

第1章

連人都不會叫，你還是回現代去吧

　　你一睜開眼，不出意外的話，應該已經到唐朝了。你看著大街上來來往往的人群，一時可能會有點呆滯。這穿的都是什麼呀？怎麼跟古裝劇裡演的不太一樣！這街上賣的小吃都沒見過啊，不過看起來好像很好吃的樣子。等等，剛剛那人怎麼跟歷史書上畫的李白長得那麼像呢……

　　好了好了，收斂一下你那沒見過世面的樣子，千萬不能暴露穿越者的身分。此時你可以自稱是個初來乍到的外地人，來京城遊歷也好，探親也好，科考也好，總之給自己編

一個背景，方便用來與唐朝人搭訕。畢竟你現在來到了唐朝，人生地不熟的，又沒有手機導航，只能靠一張嘴來安頓自己了。

眼看著天色不早了，你今晚總不能睡大街上吧。快，趁著街市還沒散，快找人問問哪有 CP 值比較高的旅店。

不過，這問路也是有技巧的。行色匆忙者不問，面相兇惡者不問，因為向這兩種人問路不成反被打的可能性比較大。你還是找個看起來和善閒適的唐朝市民問問吧。

好，你現在伸手攔住了一個慈眉善目的唐朝市民，你露出一臉尷尬而不失禮貌的笑容。市民丈二和尚摸不著頭腦：「這人要幹嘛啊？難不成光天化日要打劫不成？」

你得趕在人家逃走之前開口表明你的目的，但是你怎麼稱呼人家呢？「大叔」「大爺」「師傅」「喂」……通通都不行！

那麼，怎麼樣的稱呼才是符合唐朝風俗的呢？

首先，你得看清楚你攔住是這個人是男是女，多大年紀。如果是個年輕貌美的少女，你就稱呼一聲「小娘子」。

別想歪了，這個稱呼在唐朝人看來，一點曖昧的意思都沒有，相當於現在我們稱呼年輕女孩「小姐」的意思。如果是個姐姐或者阿姨，那你可以去掉「小」字，稱呼她們「娘子」。沒錯，古裝劇裡娘子往往是指妻子，但是實際上，在唐朝，娘子還可以用來稱呼年紀稍長的女性。如果是年紀更大的奶奶輩女性，那你就得好好行個禮，叫一聲「老夫人」，以顯示尊敬。

　　如果你攔住的是男性，也得預估一下他的年紀。要是個小正太，那就叫聲「小郎君」。如果是個年輕男子，你就稱呼一句「郎君」。年紀再大一些，父親或者爺爺輩的，你就叫「老丈」、「老郎」或者「丈人」。別激動，沒人給你在唐朝安排一個老婆，這個「老丈」、「丈人」也不是你老婆的爹，而是相當於我們今天的「大爺」、「老大爺」。

　　好了，學會了對陌生人的稱呼，你趕緊去問路吧。

　　對陌生人的稱呼是最簡單的，以上只是你來到唐朝的Easy 模式。那Hard 模式是怎樣的呢？且往下看。

　　你一睜開眼，發現自己正在朝堂上朝呢！這可如何是

好？皇帝在上，一個不小心說錯話可是要被殺頭的。

　　不必驚慌，你先學著其他官員的樣子，在佇列裡站好。趁著皇帝沒有發現你，趕緊來學習一下對皇帝的稱呼吧，萬一輪到你發言，你也好應對一下。

　　首先，你一定要從古裝劇裡跳脫出來，不要一開口就是「皇上」，唐朝人是不會這麼叫的。只見佇列裡的一個官員出列，稱呼皇帝為「陛下」，然後開始上奏。沒錯，在唐朝，對皇帝正確的稱呼之一就是這個大臣所說的「陛下」，除此之外，你還可以稱呼皇帝「主上」和「聖人」。

　　如果你膽子再大些，可以直接稱呼為皇帝「郎君」或者「郎主」。別擔心，不會掉腦袋的。你還可以再大膽些，直接叫皇帝「排行＋郎」，比如唐太宗排名第三，那麼你就可以稱呼他為「三郎」。放心吧，皇帝絕對不會因此降罪於你的，你的腦袋一定會安然無恙地長在你的脖子上不會被砍掉，因為所有唐朝人民都這麼叫呀！

　　好不容易熬到下朝，你跟你的同僚們一起走了出去。在一路上，總得聊點兒什麼吧？不然豈不是顯得你人緣很

差？時間一長，說不定還會因為不合群而被大家排擠。為了
避免這樣的情況發生，你還是主動與同事聊聊天聯絡聯絡感
情吧！那麼該怎麼稱呼同僚呢？總不能像稱呼你現代的同事
「小張」、「老王」那樣的叫吧。

你記好了，唐朝官員之間通常有三種叫法。

第一種就是「姓＋官職」，比如「張尚書」、「王侍郎」。
這種叫法一直沿襲到了現代，沒什麼好說的啦。

第二種叫法，記好了啊，稱呼官員和稱呼皇帝一樣，也
可以用「排行＋郎」的方式。這叫法如此親切，感覺一下子
就拉近了彼此之間的距離呢。

第三種叫法，是官員間的尊稱，用「姓＋公」來稱呼對
方以示尊敬。

Easy 模式和 Hard 模式都已經瞭解了，那麼一般模式是
怎麼樣的呢？在瞭解一般模式之前，首先來明確一下什麼叫
一般模式。

在唐朝生活，除了江湖路人和廟堂同僚之外，最經常接
觸的就是家人了。那麼就姑且把家庭成員之間的成為當做一

般模式吧！

　　按照輩分大小來說，家族中輩分最高的祖父祖母，你可以恭恭敬敬地稱呼「阿翁」、「阿婆」。再往下，面對你的父親、母親，你可以親熱地叫一句「阿耶」、「阿娘」，也可以叫你父母「耶耶」、「娘娘」。這裡的「耶」同「爺」。「阿耶」、「耶耶」也就是「阿爺」、「爺爺」。

　　什麼！唐朝人居然管父親叫「爺爺」？別那麼驚訝，這不算什麼，叫「爺爺」算什麼？唐朝人還管父親叫「哥哥」呢！不得不感歎一句，在唐朝做個父親可真忙，又要做爹，又要做「爺爺」，還要做「哥哥」。

　　不過，不管是「爺爺」還是「哥哥」，都只能日常稱呼，等到了正式場合，比如結婚、葬禮等場合，你得稱呼你爹「父親」或者「大人」。

　　你受古裝劇的影響，一定以為「大人」是百姓們對官員的稱呼？但實際上在唐朝，「大人」是父親的尊稱。

　　好不容易說完了「哥哥」（父親），那真正的哥哥該怎麼稱呼呢？這個問題很簡單，你只要把「哥」換成「兄」就

013

可以了。通常叫法是「排行＋兄」。比如「二哥」就叫做「二兄」，「五哥」就叫做「五兄」。你也可以不說排行，直接叫「阿兄」。

　　知道了叫哥哥，再來聊聊弟弟的稱呼。其實不止是弟弟，包括侄子、外甥等小輩，他們的稱呼方式都是一樣的，直接叫他們的名字或者小名就可以。

　　好了，有關稱呼的知識就學到這裡了，這大唐第一課不算難吧？快拿著你的行李去找旅店入住，如果問路的話，記得一定要叫對稱呼啊！

第2章
名字取不好，
小命會難保

上一章，你已經順利問到了路，找到了一家價格良心、設施完備、飯菜可口的旅店住下了。美中不足的是沒有二十四小時熱水，洗澡不是很方便。

喂，我說你，都到了唐朝了，就別講究那麼多了。

你在旅店裡吃飽喝足，很快天色就暗了下來。唐朝是有夜禁制度的，所以你就不要期待有精彩的夜生活啦，還是乖乖躺在旅店裡思考人生吧。

此時，第一次來到唐朝的你可能會想家，也可能會想你

……

的手機、電腦、遊戲、臉書……好了，你已經來了唐朝，還
是想些實際點的東西吧。畢竟，你現在面臨著一個生死攸關
的大問題——取名字！

　　你是不是以為我在跟你開玩笑呢，取個名字而已，怎麼
就生死攸關了？我要鄭重聲明一下，我沒有開玩笑哦，這就
是此次穿越的第二個知識點，快拿小本本記好：「在唐朝，
名字取不好，小命真的會不保！」

　　之所以這麼說，是因為唐朝有一個避諱的規矩，並不是
你想取什麼名字就取什麼名字的。雖然你的腦海中可能已經
蹦出了好多寓意美好的備選字，但是你選的這些字，並不是
每個字都是可以用的。這些字既要避私諱，又要避國諱。再
提醒一句啊，這避諱可不是鬧著玩的，直接關係到你的生命
安全！

　　說到這裡你可能會覺得很惶恐，覺得自己這趟穿越之旅
危機四伏前途未卜，早知道不來唐朝了。你在屋裡焦慮地轉
來轉去，因為動靜太大，引來了隔壁的房客。房客禮貌地敲
了敲門，隔著門問你發生了什麼事，需不需要幫助，你這時

候就不要客氣了，趕緊拉個人壯壯膽，一起出出主意吧！

此刻，房客已經坐在了你的對面，面對他熱心的詢問，你總不能說你是穿越來的，現在正在為名字避諱的事而煩惱吧？你只好想編一個善意的謊言，跟他說你的侄子前不久出生了，還沒有取名字，家人要你幫他取個名，而你正為了取名之事絞盡腦汁，夜不能寐。

巧了，這房客是個文化人，也很熱心，願意幫你一起想想。不過他有一個要求，要你把祖上三代的名字告訴他。你一定很好奇：這是要幹嘛？取個名怎麼還要查戶口？為什麼要問祖上三代的名字呢？其實這是為了避私諱。私諱也叫做家諱，避私諱指的是唐朝人需要對自己祖上三代避諱，以此來表示自己對祖宗的尊敬。

假設你的曾祖父叫「王大」，祖父叫「王二」，父親叫「王三」，那你的名字裡就絕對不能用「大」「二」「三」這三個字，這就叫做避私諱。

說到這兒，你是不是覺得這個私諱對你來說形同虛設？畢竟你剛剛才穿越過來，一個親人都沒有，更別說祖上三代

了。但你也別高興得太早，自家人的私諱不用避了，可是你的朋友、上司、尊長們的私諱也是要避的，別隨便叫他們的名字，不然你可能會被唐朝人貼上「沒禮貌」、「沒家教」的標籤。如果你是個科舉考生，那你還得好好打聽一下考官姓甚名誰。沒錯，考官也是要避諱的。萬一十年寒窗毀在避諱上，那可就太虧了！

是不是覺得這避諱也沒什麼嚴重後果？頂多讓人質疑一下你的家教人品，也不至於要命啊。別著急，咱們繼續。

你和隔壁的熱心房客一起避開了你胡編亂造出來的祖上三代名諱，在剩下的字裡挑挑揀揀，突然，你靈光一現，高興地喊道：「池魚思故淵，單名一個『淵』字怎麼樣！」

房客馬上撲過來捂住你的嘴，並且質疑你是不是瘋了，竟然不避國諱！你不要命了？

你心裡嘀咕：「這國諱到底是什麼啊？」不過這個問題你自己想想就好，千萬不要問出聲，不然一定會引起房客的懷疑：「身為一個唐朝人，竟然連國諱都不知道？難道是個傻子？」

　　國諱也叫做公諱，如果說不避私諱的後果是被認為沒禮貌，那不避國諱的後果可就嚴重太多了，你的小命岌岌可危！話不多說，趕緊來學習一下國諱到底是什麼吧！

　　在唐朝，避國諱就是避當朝天子以及歷代君王的諱，甚至連未來的天子──太子的諱也要避。比如唐太宗名叫李世民，世和民二字就需要避諱；唐高祖名叫李淵，淵也是需要避諱的；唐高宗名叫李治，治也是需要避諱的。以此類推，歷代天子和太子的名字，你都不能用。甚至連它們的同音字也不能用。

　　若是你在取名的時候一不小心用了這些字，犯了國諱，那就是對君王的大不敬，要被問責的！這可不是空口無憑地嚇唬你，法律依據拿出來給你看看！

　　根據《唐律・職制律》，官員上書奏事的時候要是誤犯了國諱，受杖刑八十；口誤以及寫文書的時候誤犯了國諱，要被鞭打五十下；名字犯了國諱的人，要勞役三年。這可不是鬧著玩的，要是體質弱一點的，這些刑罰說不定能要了你的小命呢！

不僅僅是人名需要避國諱，連國家機構都要避國諱呢。我們都知道唐朝的三省六部中的「六部」分別是吏部、戶部、禮部、兵部、刑部、工部，但實際上，這裡的「戶部」剛開始不叫「戶部」，而是叫「民部」，為了避李世民的諱，這才改成了「戶部」。那麼，什麼才是避諱的正確知識呢？快來學習一下，通常有下面幾種：

第一種，將需要避諱的字空出來，直接留白。

第二種，使用形近字，或者自己生造一個字來代替。

第三種，寫錯別字，也就是將需要避諱的字少寫或者多寫幾筆。

總之，這幾種方法都只有一個目的：不讓避諱的字完整出現。

學習完了避諱的知識，你是不是害怕了，這也太麻煩了吧！比考試還費腦子……淡定點朋友，請你不要退縮，雖然避諱的事情看起來有些麻煩，但是既來之則安之嘛，只要你好好遵守唐朝人的玩法規則，一定可以玩的開心，至少不會因為名字的事在唐朝被懲治啦！

第3章

字典沒翻爛，
還敢說自己會取名？

　　熱心房客幫你分析了半天取名的禁忌，終於睏得睜不開眼，差點趴在桌上睡著。你看到他睏成這樣，也不好意思讓他繼續陪你想名字，於是熱心房客便回屋去睡覺了。

　　關上門，只剩下你一個人了。要睡覺還是繼續想？反正你在現代是個夜貓子，一時半會兒也睡不著，就打開窗戶，讓月光灑進屋子，借著這溫柔的夜色，好好想想你的名字吧。首先，要想取個合適的名字，你得明白你來唐朝是幹什麼的。如果你是奔著參加科舉考試、中狀元、走仕途、做大

官去的，那我給你指明一條捷徑，噓，小聲點，這事兒一般人我不告訴他的。

好了，不買關子了，我要說的捷徑，就是取個稀有的姓氏。你是不是不服氣。幹嘛？姓氏少見難道還能加分不成？嘿，真給你猜對了，在隋、唐時期的科舉錄取中確實會對稀有姓氏有優待。

在隋、唐時期的科舉考試中，除了按照成績錄取進士以外，主考官們還會在考生中挑選出一、兩名稀有姓氏的考生，將他們的名字掛在榜單末尾，也就是我們現在說的破格錄取的意思。之所以要這麼做呢，是為了表現隋唐的皇帝們選用人才的範圍之廣，即使是擁有稀有姓氏的少數人也能感受到皇恩浩蕩。有些類似我們今天的少數民族加分錄取政策。

所以呢，如果你是個學渣，無法透過自己的努力考上進士，那麼你可以討個巧，給自己挑個稀有姓氏，像什麼油姓，指姓，掌姓等等（不得不說，確實夠稀有的）。說不定一不小心就沾了姓氏的光，被主考官挑中，在唐朝進士及第了呢！想想就覺得挺激動的，學渣也有翻身的一天啊！由此

可見，取個好名字是多麼重要啊！

當然，如果你的志向不在於考取功名，而是來到唐朝好好的吃喝玩樂一番，那就沒必要專門給自己取個稀有姓氏了。因為稀有姓氏不利於你跟人套交情，「五百年前是一家」這樣的客套話，在稀有姓氏的前提下是說不了幾次的。

在正式取名之前，還有一個問題需要問一下你。

你的眉頭一皺：「又要問問題，取個名字而已，哪這麼多問題啊，簡直是行走的十萬個為什麼啊。」

你可別嫌煩啊，咱們這叫嚴謹。為了取個合適的唐朝名字，這點麻煩算什麼。好了，言歸正傳，我想問你的是：「在唐朝，你想為自己打造個什麼人物設定？」

正所謂名字取得好，人設不會倒。如果你想假裝大戶人家出身，家裡人丁興旺，有很多兄弟姐妹的唐朝人，那你還不能隨便取名，還得讓你的「兄弟姐妹」們的名字與你自己的名字產生關聯。如果你的兄弟姐妹們的名字裡面有一些代表輩分的字，那你的名字裡也要有這個字。這種排輩的情況在我們今日也很常見。

　　還有一種情況是，兄弟姐妹們的名字沒有用同一個字，但是用了同偏旁的字。這種情況不僅在唐朝普通民眾中有所體現，甚至就連皇室也會這麼取名。例如唐玄宗的兒子們的名字都是玉字旁，有琮、瑤、琦、琰等等。如果你想在唐朝立一個獨生子女的人設，沒有兄弟姐妹，那上面這個問題就可以跳過了。

　　唐朝人民關於取名，有一些獨有的特徵。比如，唐朝人不管男女，都喜歡取疊字名。又比如，唐朝人喜歡給男子取帶有女性色彩的名字。再比如，唐朝人喜歡取姓和名能相連成義的名字。

　　先來說說疊字名，在唐朝，不管男女，取疊字名的情況都很常見。女子疊字名有張好好、關盼盼、沈翹翹等。就連元稹在《鶯鶯傳》中，也將女主角的名字命名為崔鶯鶯。男子疊字名也有很多。在段成式的《酉陽雜俎》中就記載著羅黑黑，紀孩孩，尚陸陸等許多疊字名。所以你可以入鄉隨俗，給自己取個疊字名，不僅好記，而且聽起來還很可愛呢。

　　再來說說男子取名女性化的情況。最有名的一個例子是

唐朝將領李君羨。這樣一個馳騁商場英勇威武的硬漢，小名竟然叫做五娘子！是不是驚掉了你的下巴？你尋思了一下，要是你在現代的那個身高一八〇，體重一〇〇，滿臉絡腮鬍的好哥們名字叫什麼「嬌嬌」、「豔兒」之類的，那不把人笑瘋了嗎？

好了，這種事情在當代驚訝一下就算了，在唐朝表現出驚訝的話，就會顯得格格不入。因為這種情況真的很常見，不信你可以等明天隔壁房客醒了問問他，說不定他的小命也是女孩兒名字呢。接下來再來說說姓與名相連成義的名字。這種取名方式在伶人中比較常見。例如雲朝霞、羅衣輕、李花開等等。你可不要一激動給自己取個金錢多，黃金屋這樣的名字，如此公然炫富，說不定會引起公憤喲。

除此之外，由於宗教原因，唐朝人也喜歡在名字裡加入與佛道神仙相關的字。例如唐玄宗時期的高力士，力士二字就是佛教用語。吳道玄、李懷仙、李玄通等名字，便是在名字中加入了仙道元素。你可以叫自己「梅似仙」（美似仙），唐朝人是不會覺得有所不妥的。

　　再告訴你一個勁爆的冷知識，有些唐朝人會以烏龜的「龜」字來命名。這在我們今天，是非常少見的。在唐朝，比較著名的以龜字命名的有陸龜蒙、李龜年、張龜齡等等。

　　唐朝人取用龜字是因為龜有長壽，神靈的含義。所以呀，你如果給自己取個某某龜，或者某龜某的名字，甚至你直接取名叫「忍者神龜」，在這個時代都是完全沒問題的，絕對不會有人嘲笑你。

　　除了正式的名字以外，你估摸著你自己的年齡，還可以給自己取個字。在唐朝，名和字是分開的。名是父輩取的，在孩童時期使用。字又稱表字，是自己取的，在長大成人之後用作平輩之間的稱呼。比如李白，字太白；杜甫，字子美。在取字方面，你大可以隨意一些，在避諱的基礎上，根據你自己的喜好取就行了。當然，如果你執意不取，那也沒什麼問題。

　　除了字以外，唐朝人也會給自己取別號。只不過這種情況多見於唐朝文人之中。我們所熟悉的唐朝著名詩人，大多都有自己的別號。如李白別號「青蓮居士」；杜甫別號「杜

陵野老」；王維別號「山中人」等等。因為唐朝的文人們大多有不拘世俗以及山林的志向，因此他們的別號也充滿著閒適隱逸的意味。當然，如果你肚子裡沒有幾兩墨水，也不想在唐朝做個文人，更沒有隱居山林的理想，那完全可以跳過取別號這個流程，畢竟想個名字就已經絞盡了你全部的腦汁，再想個別號那你的腦袋就要超負荷運作了。

好了，以上就是你主動為自己取名時所需要瞭解的知識。你可能要問了，主動取名？難道還有被動取名不成？還真給你說對了，在唐朝真的有這種被動取名的情況。

好了，不賣關子了，其實就是唐朝人比較喜歡給人取諢稱罷了。諢稱是唐朝的說法，在今天我們通常把這個稱為綽號。唐朝人喜歡根據別人的容貌、性格、品德、言行舉止等等給人取綽號。你是不是覺得這是我們當小學生時最愛做的事情？是的，唐朝人就是這麼活潑淘氣。不過呢，他們愛給人取綽號也是一種表達和發洩情緒的方式。

綽號也分好壞。壞的綽號常常是他們用來諷刺挖苦某個人或某件事的方式。比如唐朝有個宰相名叫鄭歇，此人沒有

什麼治國才能，但是油嘴滑舌，擅長說形象幽默的歇後語，於是唐朝人便給它取了個綽號叫做「歇後宰相」。

再比如唐朝有個福建觀察使叫做杜宣猷，他為了拍福建官員的馬屁，每到清明節都會派人專門去祭祀這些福建官員們的祖先。你是唐朝人便稱他為「敕使墓戶」。

除了挖苦諷刺的壞綽號之外，唐朝人也會給品德高尚的人取一些好的綽號來讚頌表揚他們。比如，唐朝開元年間的名相張九齡，因為文采非凡，擅長作詩，唐朝人便給他取了個綽號叫「文場元帥」。官員裴琰斷案時思路清晰，面對案件總能速戰速決，一天能斷數百件案子，被稱為「旋風筆」。

這「被動取名」的情況在唐朝實在是太常見了。等你在這兒混熟了，說不定熱情的唐朝人民也會給你取個綽號呢。只不過這綽號是好是壞，就得看你平日裡的表現啦！如果你在唐朝是一個積極友善的好人，相信唐朝人也會回報你一個可愛可敬的綽號。

好了，不打擾你了，快趁著天亮之前好好給自己取個合適的名字，在唐朝開啟一段奇妙旅程吧！

第二篇

古典美女
可沒那麼好當

第1章

娘子，妳把我的衣服穿走了我穿什麼呀？

　　你冥思苦想了一整夜，等到天微微亮的時候，實在熬不住睡著了。竟然在夢裡想到了一個名字，你激動地醒了過來，此時窗外陽光明媚，日上三竿。隔壁的熱心房客跑來敲門，招呼你一起出門覓食。房客兩眼發光地告訴你京城有一家店鋪多麼多麼好吃，一看就是個資深吃貨。

　　雖然你在現代從沒有吃早餐的習慣，但看著房客真誠熱情的眼神，實在是卻之不恭，於是收拾收拾跟著房客出門了。

　　下樓的時候你問了一下時辰，這才知道已經過了正午，房客不是叫你去吃早飯，而是一起吃午飯。

　　剛一走出客棧大門，你就跟一個路人撞了個滿懷，你抬眼一看，只見這人頭戴襆頭，身穿圓領缺骻袍，腳蹬一雙長黝靴，活脫脫一個俊俏郎君。於是你趕忙向這個小郎君道歉，語氣真摯誠懇，態度嚴肅端正，連聲說了好幾個「對不起」，完全展現了咱們現代人的禮貌和風度。但對方面對你的歉意，一言不發，轉身匆匆離去了。

　　你鬱悶極了，喂，這唐朝小郎君怎麼這麼沒禮貌？

　　旁邊的房客捂嘴偷笑，笑話你沒眼力，是不是還沒睡醒，竟然沒看出這是個女扮男裝的小娘子！

　　請收起你驚訝的表情，你仔細看看，這滿大街來來往往的人裡，是不是有不少面容清秀，皮膚白皙，身材嬌小的「小郎君」？

　　沒錯，如你所見，這些真的都是小娘子，不是小娘炮。可是這些小娘子為什麼穿著男裝呢？是異裝癖聚會？還是在玩 Cosplay？不不不，你把事情想得太複雜了，女子穿男裝，

這正是唐朝的一種流行風尚。在唐朝，上到貴族千金，下到平民女子，都愛穿男裝。不得不心疼一下唐朝男人，不僅要花錢給夫人買衣服，就連自己的衣服也要被夫人穿去，真是不容易啊！

其實，認真追究起來，穿男裝這個風尚的發起人竟然是太平公主。

有一次宮廷家宴上，太平公主直接穿著男裝就去了。唐高宗和武則天看見公主在大庭廣眾之下變成了英俊瀟灑的「皇子」，一點兒也沒有責備她的意思，還默許了她的這身裝扮。

太平公主「帶動流行」的能力可不是蓋的，甚至可以說秒殺現在的一票女明星。有了太平公主帶動風潮，很快，民間女子中也開始流行穿男裝了。

咦，那邊怎麼有人吵起來了？你仔細一看，只見幾個官差抓了一個穿著打扮十分講究的女子。

你不由納悶起來：「這貴族小姐犯了什麼大罪？竟然被官差光天化日之下扭送去官府？」

　　沒想到一到唐朝就遇上了大案，你瞬間激動了起來，還想上前去探探情況，幻想著自己能幫忙破個大案成為京城奇探呢……

　　好了好了，清醒一點，不要腦補法製大戲了，人家小姐壓根兒沒有殺人也沒有放火，她只是沒有帶隨從，自己獨自一人在大街上走了一走罷了。

　　什麼！這也要被抓起來？

　　沒錯，雖然用現在的眼光看，這事兒簡直再正常不過了。但是在唐朝，有身分的貴族女性獨自上街是違法的，這也是男裝流行的原因之一。若是這位被官差抓到的貴族小姐穿上男裝扮成男子，那就可以大搖大擺上街，不會被請去衙門喝茶了。

　　那麼，唐朝的男裝到底是什麼樣的呢？先來瞭解一下男裝的分類：唐朝的男裝分為常服、公服（從省服）、朝服（具服）、祭服等。

　　常服就是唐朝男子日常生活中穿的服飾。常服中，又以襆頭袍衫最為流行。有多流行呢？大概就像我們現代社會

033

中，格子襯衫和牛仔褲在工程師中那麼流行吧。

　　襆頭也寫作「幞頭」，是男子用來包裹頭髮用的。後來唐朝人在襆頭底下加上了「巾子」，加高了原本比較低矮的襆頭。在唐朝，不同的歷史時期流行不同的巾子樣式。先後有平頭小樣、武家高巾子、英王踣樣和官樣等等。讓我們按照時間順序盤點盤點。

　　平頭小樣流行於武德至貞觀年間。因形制簡單，頂部扁平，遂被稱為「平頭小樣」。

　　武家高巾子也叫武式內樣、高頭巾子，流行於武則天時期。跟平頭小樣相比，增加了巾子的高度。

　　再到景龍四年（710），又出現了英王踣樣。這種巾子比先前的巾子更高，並且頂部向前傾斜。等到了開元年間，就開始流行官樣了。官樣也叫做內樣、開元內樣。最早是官員們戴的，後來在民間流行開了。官樣的高度比英王踣樣更高，但是頂部不向前傾，形狀略呈尖形。

　　袍衫主要是圓領袍衫，比較休閒舒適，用途非常廣泛，除了重大場合之外，上到官員上朝，下到百姓逛街，都可以

穿。

公服也叫做從省服，常服相比，適用的場合更加正式一些，通常是官員們所穿。不過即使你當了官，也不是所有公服都可以穿的。因為在唐朝，什麼級別的官員穿什麼樣的衣服，該在什麼場合穿，都有明文規定。萬一穿錯了，小心你頭頂的烏紗帽！

根據《新唐書·志第十四車服》記載：從省服者，五品以上公事、朔望朝謁、見東宮之服也，亦曰公服。冠幘緌，簪導，絳紗單衣，白裙、襦，革帶鉤䚢，假帶，方心，韈，履，紛，鞶囊，雙佩，烏皮履。

六品以下去紛、鞶囊、雙佩。三品以上有公爵者，嫡子之婚，假絺冕。五品以上子孫，九品以上子，爵弁。庶人婚，假絳公服。

比公服更正式的是朝服，也叫具服。上文那本《新唐書·志第十四車服》中也記載了不同級別官員朝服的穿法：具服者，五品以上陪祭、朝饗、拜表、大事之服也，亦曰朝服。冠幘，簪導，絳紗單衣，白紗中單，黑領、袖，黑褾、襈、

裙，白裙、襦，革帶金鉤𧘌，假帶， 曲領方心，絳紗蔽膝，白韤，烏皮舄，劍，紛，鞶囊，雙佩，雙綬。

六品以下去劍、 佩、綬，七品以上以白筆代簪，八品、九品去白筆，白紗中單，以履代舄。

比朝服還要正式的，叫做祭服。顧名思義。祭服主要用於祭祀場合，是正式級別最高的服飾。

官員服飾的講究如此之多，你的腦袋是不是已經暈了。是不是覺得還是做平民比較輕鬆？不好意思，平民也是一樣，什麼人穿什麼顏色的衣服，被安排得明明白白。

唐朝庶人、部曲、客女、奴婢的衣服通用顏色是黃色和白色。這裡的黃色指的是土黃色，平民百姓是萬萬不可穿赤黃色的，在唐朝，赤黃色可是帝王專用色。你可千萬不要穿錯了顏色，不然可是要被治罪的。

唐朝的客女和婢女還可以穿青碧色，胥吏穿青色，而屠販工商則是穿黑色的衣服。你在大街上走著，憑藉衣服顏色就能大致分辨人們是什麼身分了。

說完衣服，再來說說說腰帶吧。在唐朝，不止衣服不能

想穿什麼就穿什麼，就連腰帶也不能隨心所欲。顏色，材質都得根據身分來定。《新唐書・志第十四車服》裡寫道：「敕文武官三品以上服紫，金玉帶；四品深緋，五品淺緋，並金帶；六品深綠，七品淺綠，並銀帶；八品深青，九品淺青，石帶；庶人服黃，銅鐵帶」。

看來，唐朝女子雖然可以穿男裝出來晃晃，但是跟「穿衣自由」這四個字還離得很遠吶！

第2章

唐朝美女的衣櫃裡永遠少一件胡服

你繼續在街上溜達,遠遠看見幾個小廝抬著一個轎子在街上走著,一旁還跟著好幾個丫鬟。你看著這陣勢,不由得感慨道,大戶人家的小姐出街就是不一樣啊,好氣派啊!

好巧不巧,轎子就停在你的面前。只見轎簾一掀,裡面走出來一個衣著打扮十分異域風情的小娘子。

你忍不住驚呼一句:「哇,這就是傳說中的胡人吧!這身衣服也太好看了吧!」

噓!先別急著嚷嚷。你仔細看看,這眉眼,這臉型,這

一口流利的當地口音，這哪裡是少數民族的女子？可別笑掉了一旁房客的大牙。

沒錯，這小娘子雖然身胡服，但確實不是胡人，她只是穿著胡服的漢族人而已。在唐朝，女子穿胡服也是一種流行風尚。元稹的詩句「**女為胡婦學胡妝，伎進胡音務胡樂**」描述的正是這種現象。你眼前這位貴族小姐身穿的回鶻裝就是唐朝最流行的胡服。

回鶻裝看起來跟男子的長袍有些像，穿起來顯得很有精神，整體比較寬大，長度及地，腰上束一條腰帶。這腰帶也大有講究，胡人的腰帶叫做「蹀躞帶」，早在魏晉時期就傳入中原地區了。在唐朝，蹀躞帶曾經一度是官員標配。官員們必須在腰間繫上蹀躞帶，用來懸掛七件物品，分別是算袋、刀子、礪石、契苾真、噦厥、針筒、火石袋，這七件物品被稱為「蹀躞七事」。到了開元之後，當朝者就不要求官員佩戴蹀躞七事了。

此時，唐朝的平民女子們發揮了智慧，創造了新的潮流，將掛著腰帶上的蹀躞七事去掉，只留下細細的皮條束在

腰間，顯出婀娜的腰身。你眼前的這位貴族小姐腰上繫的就是這種腰帶。

除了腰身因為繫著腰帶的緣故比較窄之外，回鶻裝的袖子也比較窄小，整體比較輕便，適合運動。唐朝人穿著騎馬打球都很方便，可謂居家旅行運動必備，正如唐朝的花蕊夫人的詩句「回鶻衣裝回鶻馬，就中偏稱小腰身」中描述的一樣。

回鶻裝大多是織錦材質的，布料很有厚度，十分保暖，唐朝美女的媽媽們再也不用擔心自己的女兒「美麗『凍』人」了。說到美麗，回鶻裝著實夠美麗的，顏色大多是紅色的，其他顏色也是以暖色為主。回鶻裝的袖子和衣領上都鑲著寬闊的織金錦花邊。

美要美全套，衣服美了還不夠，髮型也要跟上。回鶻裝的配套髮型叫做「回鶻髻」，挽好髮髻之後還要在髮髻上戴上一頂金鳳冠，再在兩鬢插上美美的髮簪髮釵，整條街最靚的女子就這麼誕生了！

有些身著胡服的女子因為害羞、對相貌沒自信、臉上過

第二篇
古典美女
可沒那麼好當

敏、自卑感等種種原因，不願意讓路人看見自己的臉，那麼她們便會戴上冪籬或者帷帽來遮住面容。

冪籬是一種帽子，原本是胡人用來抵擋風沙的。帽檐上垂著輕薄的黑色羅紗，一直垂到膝下，幾乎能把全身遮住。缺點也顯而易見，拖著這麼長的羅紗，行動實在是不方便。於是到了唐高宗時期，唐朝的女子們便漸漸拋棄了冪籬，轉而戴起了帷帽。

帷帽也叫「圍帽」，帽檐上垂下一圈網簾，不過長度比冪籬短得多，僅僅下垂到肩頸。有些大戶人家的女子們還會裝點一下自己的帷帽，在網簾上嵌入珠翠來展示自己的尊貴美麗。

再到唐玄宗開元年間，女子們變得自信起來，不再想著遮蓋自己的面容，連帷帽也拋棄了，開始戴起了完全不遮臉的胡帽。胡帽也叫做「渾脫帽」，製造材料通常是比較厚的錦緞或者烏羊毛。帽子的頂部尖尖的，很有民族特色。並且款式豐富，有胡帽織滿花紋的，有鑲嵌珠翠的，有在帽耳上裝點著羽毛的，有帽沿上縫著皮毛的。滿足各種需求，就連

041

最挑剔的大小姐都能找到自己喜歡的一款。

好了好了，快走吧！沒看見幾個小廝正在挽著袖子對你怒目而視嗎？你在這愣神這麼久，眼光還直直地盯著人家小娘子，一定會被人當成流氓的，不想被打就趕緊溜吧。

你依依不捨地收回自己的目光，跟熱心房客繼續往前走。離他口中超好吃的店鋪還有點距離，光悶頭走路也怪悶的，於是你們閒聊了起來。兩個年輕男子聊天的話題，無外乎詩文、自己、家人。詩文，你是一竅不通；自己，新立的人設經不起深聊；家人，還沒來得及編呢。所以，你就當一個安靜的美男子，把說話權交給房客吧。

這房客是個自來熟，早就把你當自己朋友了。於是打開了話匣子，談起了自己獨自出外做生意，已經很久沒見到他的妻子了。或許是對妻子思念得深沉，房客開始仔細回憶妻子的點點滴滴，說是給你介紹自己的妻子，但更像是自己追憶懷念。

在房客生動的描述中，他妻子的形象出現在你眼前：一個身穿襦裙服、身材豐滿、面若銀盤的女子。身材豐滿，面

若銀盆倒是可以想像，可是襦裙服是個什麼服飾？你還真不太清楚。

不要急著自己腦補，讓我來告訴你盛世大唐的女子們鍾愛的襦裙服到底是什麼樣的。簡單來說，襦裙服不是一件衣服，而是一套，由襦，束裙，半臂，披帛組成。整體感覺很是瀟灑飄逸，就像仙女一樣。上襦比較短，裙子很長，用絲帶繫在胸部或者腋下部位。

現代社會，咱們喜歡穿高腰褲、高腰裙來顯高，在唐朝，人家直接「一步到『胃』」，直接把裙子繫到了胸口。

其實裙子在古代不叫裙子，而是叫「裳」。也不是女子的專屬服飾，而是男女通用的。別緊張，你不用穿裙子。因為男女都穿裙子是隋唐以前的事情，到了隋唐，男子們就不再穿裙子了。

唐朝的裙子可以簡單地按照長度分為長裙和短裙。長裙比較正式，通常女子們在重大場合時會穿長裙；短裙因為行動方便，日常穿的比較多。

唐朝的裙子顏色也很豐富，紅綠青黃紫色都是唐朝女子

們喜愛的顏色，最為唐朝女子青睞的當屬紅色石榴裙，可以說是當時的「爆款」了，哪個唐朝女子要是沒有一條紅色石榴裙，那簡直像是被潮流拋棄了。

說完了裙子，再說說半臂。半臂是一種合領對襟的短袖衫，穿在襦的外面，用絲帶繫上。除此之外還有一種套頭式的半臂，這種半臂胸前露出部分較多，可以說是唐朝的「低胸裝」了。

半臂是短袖的，還有一種無袖的對襟衫叫做背子。背子在宮廷裡比較盛行，民間女子將它當成正裝，通常在正式場合才會穿。這種服飾不需要繫腰帶，鬆鬆的穿在身上，一直垂到腳，既好看又方便。

最後再來說說襦裙服的重要組成部分 —— 披帛。披帛是披在肩背上的長條形狀的巾子，材質大部分是紗羅，有的披帛印有花紋，有的披帛上用金銀線織成了圖案，感覺披的不是披帛，而是沉甸甸的銀子啊！

接下來這個知識點要記牢，因為這關係著你的婚姻大事！不誇張，沒騙你，不相信？沒關係，咱們往下看。

　　假設一下，你在唐朝的街頭遇到了一個小娘子，一身紅色襦裙服映襯著白皙的膚色，寬寬的披帛上用金線繡著美麗的花朵。一雙含情目，兩道籠煙眉，彷彿是畫裡走出來的人，瞬間就把你俘獲了，完全就是你的理想型啊。

　　此時你有兩種選擇，一是任由她與自己擦肩而過相忘於江湖，此後只在夢裡無數次重溫她的回眸；二是勇敢地上前搭訕為自己的幸福爭取一把，說不定她有希望成為你的妻子呢。

　　好吧，你選擇第三種：向身旁的唐朝房客打聽，問他知不知道這位小娘子是誰家的女兒，有沒有相熟的朋友可以找個機會介紹你們認識認識，比如一起出去郊遊啊，打個馬球啊之類的。

　　你是不是覺得自己挺機智的，既不會顯得自己唐突，又能在以朋友身分的交往中看看性格合不合適。這如意算盤打得可真夠響的。嘿，別忙著得意，如果你真的這麼做了，那友誼的小船恐怕是要翻了。

　　若你真的這麼說了，房客一定會怒罵一句：我真是看走

……

眼了，沒想到你是這種人！然後轉身就走，留下你自己在風中凌亂。你可別怪房客態度不好，這事兒真的是你不對。因為你剛剛打聽的夢中情人，是個已婚女子！

聽了這話，你差點沒站穩摔倒在地。我知道你想說什麼，那小娘子的臉上又沒寫著「已婚」兩個字，怎麼看出婚姻狀況的呢？這就要從披帛上看了。記好了啊，這也是一個知識點。

披帛又稱「畫帛」。在唐朝，披帛是用來區分女子婚姻狀況的一個重要標誌。又窄又長的披帛是未婚女子們披的，有些甚至能到兩米多！不由為未婚的小娘子們捏一把汗，小心不要被絆倒呀。不過正因為披帛太長，小娘子們走起路來搖曳生姿，別有一番風味。已婚婦女們的披帛則是又寬又短的，你可千萬記住二者的區別，不要再鬧烏龍了。

披帛的佩戴方式比較多，女子們可以依據各自的喜好佩戴。就像咱們佩戴圍巾一樣，想怎麼戴就怎麼戴。不過唐朝的披帛有兩種佩戴方式最為流行，第一種是將披帛從身後繞到身前，在胸前相交；第二種則是將披帛的一端固定在胸前，

另一端向後繞過肩背，再垂於身前手臂間或者胸前。

　　唐朝女子的肩頭除了披帛之外，常常出現另一種服飾──帔子。沒錯，就是「鳳冠霞帔」的那個「帔」。只不過，唐朝時期還沒有鳳冠霞帔這個詞。帔子跟披帛比起來要短一些，披在肩上，用繫帶繫在胸前，不僅有裝飾的作用，還可以抵禦風塵。比較適合旅行出門的時候披在身上。

　　如果你在唐朝成家了，某一日，你的妻子請你幫忙把她的「襪」拿來，你可千萬別拿著襪子給她送去。因為唐朝的襪跟咱們今天的襪不一樣，不是穿在腳上的襪子，而是一種貼身的內衣。也叫做「夾衣」、「襪腹」，還有一種文藝的叫法叫做「合歡」。唐朝女子們體型豐腴，穿上襪之後會顯得體態更加婀娜。

　　唐朝女子的服飾實在是太豐富多彩了，每個時期都有流行的服飾，百聞不如一見，既然已經來到了唐朝，就在日常交往中親眼感受唐朝女子的服飾美吧！

第3章

誰家小娘子不是美髮學校的高材生呢？

　　如果你是個小夥子，到了唐朝之後的第一件重要事就是取個名字。但如果你是個姑娘，除了取個名字之外，還得趕緊去換個髮型！你這個馬尾辮實在是太格格不入了，走在路上一定會被人圍觀的。不像人家男子，戴個襆頭就把一頭短髮給遮住了，誰也看不出你是個現代人。

　　好了，你現在已經出現了在唐朝的大街上，此時的你為了掩人耳目，已經換上了一身男裝，把你的馬尾辮盤起來塞進了襆頭裡。但是你不能在唐朝「半永久」男裝吧，總得想

辦法處理一下你的髮型。

你在唐朝的大街上找了半天，都沒找到理髮店。對了，忘記告訴你了，唐朝是沒有理髮店的。身體髮膚受之父母，唐朝人怎麼會允許別人替自己理髮呢？

還好天無絕人之路，我給你出個主意吧：你可以先找個唐朝閨蜜，借閨蜜之手來給自己整個像樣的唐朝髮型。一來二去，你真的結識了一位好朋友，這位熱情友善的小娘子將你帶回家玩耍。

在小娘子的閨房裡，你坐在了鏡子前，把襆頭一摘，一頭長髮散落了下來。小娘子讚嘆你的髮質真不錯（在現代用洗髮精、護髮素、髮膜護髮精華保養過的頭髮當然不錯啦），然後說自己最近新學會了一個髮髻，問你要不要試試看。這不正合你心意嗎？趕緊答應下來！

小娘子靈巧的雙手在你的頭髮上遊走，先將你的頭髮梳理一番，然後拿出了一些五顏六色的絲帶。從中挑出一條黑絲帶將你的頭髮束了起來，在頭頂編盤了一個髮髻。又挑出幾根彩色絲帶，繫在髮髻底部垂下來。你對著鏡子看了半

......

天，滿意極了，連聲讚歎小娘子美髮手藝高超。

小娘子聽了你的讚美，很是受用。她告訴你這是一種復古的髮式，叫做螺髻，是初唐時宮廷裡十分流行的一種髮髻，也叫做翠髻。《宮詞百首》中有這樣一句「螺髻凝香曉黛濃」，描寫的就是你頭頂上的髮髻。

雖然你現在已經暫時解決了髮型的問題，不過，小娘子能幫你梳一次頭，卻不能幫你梳一輩子啊。你最好還是好好學一學唐朝女子的髮型知識，以後可以根據不同心情、不同場合來自己搭配髮型。關於髮型，首先你需要知道的是，唐朝女子的髮型可以粗略地分為髮鬟和髮髻。

下面，就來詳細說說二者有什麼區別吧。

先來說說髮髻。唐朝髮髻種類非常繁多，據不完全統計，有高髻、低髻、側髻、小髻、峨髻、雲髻、鳳髻、飛髻、花髻、螺髻、雙髻、拔叢髻、驚鶴髻、回鶻髻、拋家髻、反綰髻、百合髻、望仙髻、半翻髻等等。看來廣大唐朝婦女折騰頭髮的花樣可比咱們現代的女孩要多得多。若是時代允許，在唐朝開個美髮行業，一定能賺的盆滿缽滿，說不定還

能成為唐朝首富呢。

在這裡，不由的想誇誇唐朝人民的取名能力，實在是太生動形象了。比如你頭頂上的髮髻，就因為長得很像螺殼而被稱為螺髻；高達一尺多的髮髻叫做高髻；低髻就是高度很低的髮髻；看起來像雲朵的髮髻叫做雲髻；像半翻著的荷葉的髮髻叫做半翻髻；髮髻堆疊在頭頂一側，看起來搖搖欲墜，彷彿剛從馬上墜落下來的髮髻叫做墮馬髻……這一個個鮮活浪漫的名字，為唐朝女子的髮間增添了一絲浪漫的情懷。

不同的時代背景下，唐朝女子的髮型也有所不同。初唐，盛唐，晚唐，女子們的髮型各有特色。

假如你穿越到了初唐，女子們的頭上梳著什麼髮髻呢？這時候，朝代剛剛建立，一切都百廢待興，充滿了希望與活力。女子們也展現出了積極向上的精神面貌。你會發現，這一時期比較流行的髮髻是半翻髻、圓單髻、螺交髻、條形髻。這些髮髻的特點是普遍梳的高，完全露出自己的耳朵，顯得十分幹練。

假如你穿越到了國泰民安、繁榮昌盛的盛唐，那你會發

現，盛唐的髮型種類也太多了吧！這時期社會十分開明，女子的地位也比較高，大家都開始對穿衣打扮講究了起來。

白居易還專門寫了一首詩來描述當時唐朝女子們的妝容打扮。這首詩的名字就叫做《時世妝》，詩是這麼寫的：

時世妝，時世妝，出自城中轉四方。

時世流行無遠近，腮不施朱面無粉。

烏膏注唇唇似泥，雙眉畫作八字低。

妍娃黑白失本態，妝成盡似含悲啼。

圓鬟無鬢堆髻樣，斜紅不暈赭面狀。

昔聞被發伊川中，辛有見之知有戎。

元和妝梳君記取，髻堆面赭非華風。

當時的長安城和皇宮是流行的發源地。宮中妃嬪公主和長安貴婦們可說是一代潮流鼻祖，她們穿的服飾，梳的髮型，引領全國女性紛紛效仿。這個時期流行的髮型有平梳，稀疏掩耳梳雲髻和雙梳雲髻等。總之你要是來到了這個時代的長安，那一定是走在了潮流風口。

假如你穿越到了晚唐，那又是另一種光景了。這個時期

的人們生活在水深火熱之中，髮型也完全沒有初唐的積極向上和盛唐的華麗講究，而是呈現出一種蓬鬆散漫的樣子。此時的髮型大多下梳，完全蓋住自己的耳朵。「拋家髻」就是這個時期流行的。

對了，有一個問題需要思考一下。你頭髮茂盛，長髮如瀑，來了唐朝自然是各種髮型隨你換。但如果來的是一個沉迷熬夜的當代禿頭少女，那該怎麼辦呢？

沒關係，面對髮量稀少的問題，唐朝人自有妙計。這妙計不是防落髮洗髮精，也不是生髮液，而是義髻。

義髻就是假髮，製造材料通常是鐵絲、木頭、麻布等。貴族女子們還會在義髻上塗上黑漆，使之與自己的黑髮融為一體，配上珠寶，更凸顯出華貴瑰麗的氣質。

據說楊貴妃對義髻鍾愛有加，「常以假髻為首飾而好黃裙」。就是這個身著黃裙、頭戴義髻的女子，成為了盛唐最後的絕響。說完了髮髻，再來說說髮鬟。與實心的髮髻相反，髮鬟是中空的，形狀呈環形。樣式也很繁多，有高鬟、低鬟、圓鬟、雙鬟、單鬟、垂鬟等。最常見的是雙鬟，也

就是將頭髮分為兩股，在頭的兩側梳成髮鬟。在唐朝，梳這種髮鬟的通常都是未婚女子。一旦成了婚，女子們便會改梳髮髻。因為雙鬟在頭頂的形狀看起來像一個「丫」字，於是也叫做「丫鬟」。侍女的另一個稱謂「丫鬟」就是從這裡來的。

髮型梳得好固然重要，但美麗的髮型怎麼能少的了髮飾的裝點呢？唐朝女子最愛的髮飾是簪和釵，不信你看看你身旁的小娘子，她的頭髮上就插著幾根美麗的髮簪和髮釵。你可能一時半會兒有些懵，哪個是簪？哪個是釵？其實分辨它們很簡單，單股的就是簪，兩股簪合在一起的就是釵。髮簪和髮釵的材質有金、銀、玉、木等。形狀也多種多樣，各具特色，以各種花朵形狀最為常見。

小娘子突然一拍腦袋，似乎是想起了什麼。只見她從妝奩裡拿出一個精緻的盒子，表情得意地拿到你面前讓你看看是什麼寶貝。你打開盒子一看，裡面是一個金燦燦華麗麗的金疙瘩！你不由驚呼起來，我竟然跟土豪做了朋友！

好了，淡定點，注意形象，這不是金疙瘩，你再仔細瞧

瞧，到底是什麼？

你瞪大眼睛看了看，總算看明白了，這是個金色的鳥，鳥嘴裡銜著精美的的珠串。這叫做金步搖。

小娘子將金步搖戴在了你的頭上，讓你走幾步，你對著鏡子看見金步搖隨著你的步伐，在你的頭上搖曳生姿，顯得你整個人都靈動了起來。可是啊，這金步搖雖好，但屬實價值不菲呢。若是你自己也想擁有一個，那就得在唐朝好好工作賺錢啦！

第4章

唐朝「美妝達人」尖叫上線

　　解決了髮型的問題，接下來該研究研究妝容了。在二十一世紀，江湖上流傳著亞洲四大邪術：泰國變性術，韓國整形術，日本化妝術和中國 PS 術。與妝容精緻的日本女孩們比起來，咱們的化妝技術確實稍遜一籌。不過在唐朝，小娘子們個個都是化妝高手，不輸現在的美妝達人。你可得好好學學，千萬別扯後腿啊。

　　雖然你已堅定了學習化妝的心，但是唐朝沒有臉書和 youtube，沒有美妝達人的化妝教學可以看，也沒有時尚雜

誌可以看，你只能求助你的唐朝小閨蜜了。

　　還好你的閨蜜有足夠的耐心，願意慢慢教你。等你在唐朝賺了錢，可得好好請閨蜜吃一頓呀。

　　閨蜜搬來了自己的化妝盒，是一個大而精巧的木質盒子。你不由得感慨這個化妝盒真大真氣派，這時候你的閨蜜一定會笑你太誇張，這算什麼氣派啊，你沒聽說過楊貴妃的首飾盒嗎？「大如缶，外砌之雜寶，內托之上金」，那才是真的又大又氣派呢。

　　打開妝盒，裡面的化妝品琳琅滿目，讓你看花了眼，一眼看過去似乎有一大半化妝品你都不認識。你感覺自己體會到了當代直男面對女朋友滿桌子化妝品時候的無措。沒事，等你的閨蜜給你化一次妝，你就能把它們全認識啦。

　　你在現代化妝的第一步，一定是塗抹粉底。在唐朝也不例外，只不過換了個說法罷了。唐朝的粉底叫做鉛粉，也叫做粉錫和鉛華，最早在商周時期就已經有了。看來，以白為美的審美來源已久啊。

　　你的閨蜜將鉛粉塗在了你的臉上，臉部瞬間白了一片，

就連痘疤都遮住了，看來這唐朝的底妝遮瑕效挺厲害呢。

塗完鉛粉之後，就該抹胭脂了。古代的胭脂就相當於我們現在的腮紅。你的閨蜜告訴你，她要給你畫一個「酒暈妝」。這種妝容的特點就是一個字「紅」。操作方法就是在你的兩頰塗上厚厚的胭脂，畫出喝酒之後臉上出現紅暈的樣子來。

胭脂最早是西域人用的，漢代張騫出使西域時將其帶回了中原。胭脂最早叫做「焉支」，因為製作它的原料「紅藍花」盛產於匈奴的焉支山。

焉支的製作方法是將紅藍花經過杵搗製成紅色染料，將絲綿浸泡其中然後曬乾。塗抹焉支的時候，用絲綿沾取少量清水塗抹在臉上就行了。

到了南北朝時期，人們在焉支裡面加入了牛髓，豬胰等，取名「胭脂」。此時的胭脂不再是保存在絲綿上了，而是脂膏狀，比之前更容易取用，塗抹在臉上的效果也更好。隋唐時期，胭脂已經成為了十分成熟的化妝品，工藝有了極大的提高，在女子中也十分流行。

楊貴妃就是個不折不扣的胭脂愛好者，這事兒可不是猜測，是有文字記載的。五代王仁裕《開元天寶遺事》中寫道：「貴妃每至夏日，常衣輕綃，使侍女較扇鼓風，猶不解氣熱。每有汗出，紅膩而多香，或拭之於巾帕之上，其色如桃紅也。」說的就是楊貴妃因為胭脂抹的多，擦汗時巾帕都變成了桃紅色的事。

不僅是貴妃娘娘對胭脂喜愛有加，就連宮女們也是胭脂的狂熱粉絲。王建在他的《宮詞》中這樣寫道：「**歸到院中重洗面，金盆水裡潑紅泥**」。這句詩寫的是一個小宮女到院子裡洗臉，結果洗完臉的水都變成了紅色的泥漿。這「不抹白不抹，抹了也白抹」的架勢，難道是宮裡的胭脂不要錢嗎？

塗完了鉛粉和胭脂，下一步化妝步驟是畫黛眉，也就是畫眉。畫眉也是古老的化妝術之一，最早可以追溯到戰國時期。到了唐朝，愛美的唐朝女子們對眉毛的重視程度達到了一個小高峰。每個時期，流行的眉毛各不相同。

初唐時流行的眉毛是柳葉眉和月眉。柳葉眉就是形似柳

葉的眉毛。月眉則形似一輪彎月，比柳葉眉稍微寬一點。

盛唐時期開始流行蛾眉、遠山眉、青黛眉等，這些眉毛比闊眉淡很多，也細很多。到了晚唐時期，流行的眉毛變成了八字眉、啼眉、桂葉眉等。

不過從初唐到盛唐，有一種眉形一直貫穿始終並且間歇性流行，那就是闊眉。這種眉毛因為又長又闊又濃，在臉上的存在感非常的高。闊眉的畫法有很多，有眉梢上翹的；也有眉梢下垂的；有眉心畫的很近，幾乎要連在一起，只留下一條縫的，也有眉心畫的很開的。總之，不同的眉形賦予了唐朝女子不一樣的美。

畫完眉之後，你就該貼花鈿了。花鈿是一種貼在額前的飾品，又叫做花子、媚子。通常有紅、黃、綠三種顏色，其中又以紅色最為常見。製作花鈿的材料很多，有金箔、紙、雲母片、魚鰓骨、螺鈿殼等等。

花鈿的形狀也有很多，常見的有月形、圓形、三角形、梅花形、錐形、石榴花形、三葉形等，巧手的唐朝小娘子們能剪出三十多種花鳥蟲魚的形狀來。身為一個手殘，你還是

乖乖剪個簡單的梅花形吧，這也是唐朝女子最常用的「基礎款」。

接下來，你的閨蜜要給你點上面靨。也就是用胭脂在你的兩側臉頰上，點上兩個黃豆大小的小圓點，唐朝人認為面靨會令女子顯得更加明媚動人。你的閨蜜是用胭脂給你點的，其實還有一種方法，那就是跟花鈿一樣，用金箔、雲母片等材料剪成各種形狀的面靨貼在臉上。常見的形狀有彎月形，圓形等。

是不是已經坐不住了？別著急，還有最後兩步就大功告成啦！

倒數第二步是描斜紅。這是一種畫在太陽穴兩旁的裝飾，通常是用胭脂畫成新月狀。元積的詩句「莫畫長眉畫短眉，斜紅傷豎莫傷垂」中描寫的就是這個。斜紅遠看彷彿兩道傷疤。

乍一聽會覺得這個裝飾也太莫名其妙了吧？難道現在影視劇裡才會出現才「傷痕妝」在唐朝竟然是流行妝容？這是因為什麼流行起來的呢？答案就在《妝樓記》中。

南唐《妝樓記》中記載著這樣一件事：

三國時曹丕的宮女薛夜來夜裡去侍奉曹丕，遠遠看見皇帝，一激動，就沒看見擋在自己面前的一塊七尺的水晶屏風，一頭撞了上去。在這裡我必須要合理懷疑一下，這個薛夜來是個近視眼吧？

好了，言歸正傳，這個薛夜來撞上了屏風，把臉給撞破相了。但是曹丕看著薛夜來受傷的臉龐，竟然覺得比之前更美，於是更加寵愛她了。宮裡的其他宮女見狀，便紛紛效仿起來。

別緊張，她們不是去效仿去撞屏風，而是在臉上抹上胭脂假裝傷痕。大家還給這個妝容取了個名字，叫做「曉霞妝」。到了唐朝，女子們便給曉霞妝改了個名字，就是你現在抹的「斜紅」。

好了，勝利的曙光就在眼前，還差最後一步就畫完了！這最後一步，如你所料，就是畫口紅。不過唐朝的口紅不叫口紅，而是叫做「唇脂」。

唇脂是將朱砂和動物的油脂混合製作而成的，既有朱砂

的紅，又有油脂的潤。你在現代是一個狂熱的口紅集郵者，擁有各種品牌的各種熱門色號。在唐朝，或許品牌、色號沒有那麼多，但是唐朝女子的手巧啊！唇妝的畫法多啊！比較流行的畫法有石榴嬌、大紅春、小紅春、萬金紅、半邊嬌、露珠兒、內家圓、天宮巧、洛兒殷、媚花奴等。簡直可以說是色號不夠，畫法來湊。

　　不過這麼多畫法裡，最流行的還是以唇形嬌小，色彩濃豔的唇妝，也就是所謂的「櫻桃小口」。你可能又要問了，天生大嘴的女子怎麼辦呢？是不是就跟櫻桃小口無緣了？

　　放心吧，不會的！辦法總比困難多！透過神奇的化妝手法，完全可以人造一個櫻桃小口出來。嘴大的小娘子們可以將鉛粉塗抹整個嘴唇，然後再用唇脂點在嘴唇上。這個原理跟咱們今天畫唇妝之前先在唇上抹一層遮瑕是一樣的，可以調整唇形，改變厚薄和大小。只要技術好，櫻桃小嘴不是夢。

　　好了，到這裡你的面部妝容就已經完成了。看著鏡子裡的你，活脫脫一個貌美如花的畫中人。簡直比在現代用美顏手機拍出來的還好看。

　　不過，作為一個唐朝精緻女孩，光是臉上化妝還不夠。俗話說，手是女人的第二張臉。手上的美容，那就是美甲了。

　　你可能要疑惑了，唐朝有美甲嗎？當然有了！只不過局限於當時的技術條件等限制，不像現在的美甲花樣那麼多罷了。但唐朝女子們已經盡可能地花心思在美化指甲上了。

　　她們通常會將鳳仙花搗出汁液，加入明礬，然後再放入絲綿（注意啦，絲綿要提前做成指甲的形狀），讓絲綿被鳳仙花的汁液浸透。

　　接下來，你只要把這個絲綿套在自己的指甲上，過上一夜，指甲就能成功染上紅色了。而且留存時間能有幾個月，比現代的很多指甲油都強。

　　以上就是今天的美妝小課堂了，希望你早日學會唐朝的化妝術，早點在唐朝遇見自己的另一半吧！

第三篇

是何等美食讓唐朝美女放棄了身材管理

第1章

反正是夢，不如直接拿宮廷盛宴來開胃！

　　民以食為天，大唐的天當然是朝廷，是皇帝，皇室成員當然也是普通人，既然是普通人那就逃不過「真香定律」，更何況是盡善盡美的宮廷膳食體系。

　　好了，現在告訴你，你就是太子，榮華富貴盡在眼前，未來的整個天下都是你的了。朝政要事那些以咱們的閱歷和格局，我想也品不出個所以然來，但是吃，咱們還不在行嗎？反正你現在已經是一人之下的地位了，難道還有人看不過眼，嫌你吃的太多不成？

第三篇
是何等美食讓唐朝美女放棄了身材管理

　　皇宮裡面管太子吃喝的叫什麼？食堂？那格局也太低了。御膳房？有那麼點意思了，但還遠遠不夠規格。

　　太子的飯菜，歸由典膳局、食官署、太子內宮、典倉署這些機構負責，一條龍服務，龐大的幕後團隊，真正為你做到「膳無巨細」。保證你吃的滿意，吃的安全，吃的盡興。

　　典膳局是這些機構中最大的機構，有典膳郎二人（簡單點說就是傳菜員，不過他們要以身試毒，危險係數還是很高的），丞二人，書令史二人，書吏四人，主食六人，掌固四人，此外還有兩百個典食。

　　食官署主要負責食材的選擇、研究營養配比和烹飪手法，說白一點就是讓太子吃得開心吃得健康。拿今天的眼光來看，那就是全國手藝最好的廚師和最頂尖的營養師組成的夢幻團隊。

　　太子內宮和典倉署分別負責一些飲食器具和糧食管理，總而言之，上上下下幾百號人整天就琢磨著怎樣滿足太子的胃口，這種待遇在咱們現代人這裡，是連做夢都不會夢到的場景，除了大快朵頤還能有其他選擇嗎？

假如你生活在唐朝

　　嗯，好了，現在你坐在飯桌前了，邊上是你的父皇，當今聖上。緊張嗎？不不不，皇帝看見你臉色不對還以為你是對吃的不滿意，說不定還會遷怒於掌廚之人，所以儘管敞開肚皮吃吧。

　　你是不是還想表現出孝順，把好菜留給皇帝吃？皇帝畢竟是你爸爸，是一國之君，吃的比你還要高級，你飯桌上那些新鮮玩意，皇帝說不定早就吃膩了。

　　皇帝的膳食由光祿寺和尚食局負責。光祿寺設卿一人，官至三品，司職主管，下屬設立少卿、丞、主簿。光祿寺下設立四署，其中太官署設有令、丞、府、史等主管，還有十五名主膳和兩千四百名供膳。

　　兩千四百名是什麼概念，排成隊那得烏壓壓一大片，換算成現代軍隊的標準那就是一個獨立團！一個團的力量專門給皇帝做菜，這御膳房的「火力」可見一斑啊。

　　光祿寺前後經歷了幾次更名，最後在武則天統治下的光宅元年更名為「司膳寺」，司職管理膳食的機構，顧名思義。尚食局是殿中省的下屬機構，總管叫做奉御，副手叫直長。

奉御也有著在皇帝用膳之前為之以身試毒的職責，雖然能嘗到各種人間美味，但也是冒著生命危險在盡職。

其實也沒有聽起來那麼危險啦，那時候沒有那麼多污染，也沒有那麼多化工合成添加劑，食物都是純天然綠色健康的。

你可能要說了，那要是有奸人下毒呢？是說你電視劇看多了，奸人下毒這種事有是有，不過機率非常之低。大部分奉御有生之年是遇不到這個情況的。那麼，你可能又要問了，就算沒有下毒，遇上普通的食性不對，拉肚子脹氣上火這類小毛病怎麼辦呢？

尚食下屬還有八位食醫，專門負責解決飲食產生的健康問題，職階九品，沒錯就是九品芝麻官。

龍朔二年，尚食局更名為奉膳局，奉御改為大夫，大夫下設書令、書史、主食、主膳、掌固等，其中，主膳就有八百四十人。

那皇帝的餐桌上都有些什麼呢？這說來可就話長了。隨便舉舉例子，「進貢」是各地臣民封主常有的活動，除了奇

珍異寶之外，山珍海味自然也是優選。就拿魚類來說，有竹魚、紅魚、縛魚、曰魚、鏡魚、武昌魚、鰻鱺、花目魚、卵魚、妞魚、白髮魚等四十多種，來自全國各地知名不知名河流的魚兒就這樣不遠萬里來到皇帝的餐桌上。

你今天上 Google 查資料才能知曉的魚，就這樣經過考究的工序變成鮮美的肉送到嘴邊，吃一個月都不會重覆的，皇帝可真是天下的一等有口福之人啊！

野生動物保護法？不存在的，那時候沒有這種概念，統統叫做珍稀食材。什麼雪裡鹿肉、雪山麂子肉、江鱘，美食不問出處，好吃就行。祕製魚唇、西域養顏蘆薈、御膳牛掌，這些光聽名字就知道價值不菲的各色菜品，那都是大盤大盤地端上來。

食材產量極小難以獲取？不存在的，就拿「鶯蜂蜜」為例。此種蜂蜜為通體五色的「鶯蜂」所產，這種蜜蜂本就不常見，習性不同尋常，常築巢在深山峻嶺之中，蜂巢更是藏匿在林蔭虯枝之間，採蜂人要經歷千辛萬苦冒著被螫傷的危險才能採摘到少許。經過加工到了皇帝的餐桌上，那就只有

白玉盞中堪堪一捧的青綠色，流光溢彩，青翠欲滴，像極了上品翡翠，屬實讓人不忍下口。據說就是這樣的蜂蜜，長期食用不僅可以使人永保容顏、延年益壽，甚至可以治療眼瞎跛腳等殘疾，稱之為奇物也不為過。

看你這口水直流的樣，你是不是垂涎這一口，想做皇帝了？快醒醒，能做太子已經是運氣奇好了！

好了，我們繼續來看看你父皇餐桌上的菜品吧。

「靈消炙」這道菜，一整隻羊身上僅僅取其中四兩肉製成，神祕的製作工藝可以讓肉長時間不腐敗而這，僅僅是冰山一角。

再說「紅虯脯」這道菜，虯是那時對頭上長角的小龍的稱呼，紅色的龍肉？皇帝不是龍體嗎，這是要吃了皇帝？這是大不敬啊！哈哈，非也非也，這其實是用牛蹄筋製作而成，爽滑筋道，擺盤成小龍的形狀，實際上也是表達一種對龍的信仰。畢竟在古代，龍是皇權的象徵，是十分神聖的存在。

唐朝外交頻繁，外域進貢的美食自然也要在皇帝的餐桌

上獨當一面。形似花朵的「佛土菜」，置於盤中形似花盤，五顏六色不僅令人歎為觀止，嘗起來也是讓人讚不絕口。

再說「洋豆」，這種豆是用日林國進貢的「靈光豆」製作而成，通體嫣紅宛如寶珠。雖然不能吃了以後讓你「靈光一現」，但是它有種神奇的效果，據說當時唐代宗吃了一粒洋豆後，幾天不覺饑渴，放到今天，那絕對受到減肥人士和懶人們的追捧，成為最暢銷的減肥藥。說不定還可以代替乾糧，成為太空人帶去外太空的食物呢！

對了，看見聽到這麼多令人垂涎的美味，你的腦子裡可能會出現咱們今天所說的脂肪肝、高膽固醇這些詞彙，因為如果是在現代社會，照這麼吃下去得這些問題可能是遲早的事。

不過這裡可是皇宮啊，有最頂尖的醫療團隊和營養師，絕對不會讓皇帝和太子吃出問題來的。只不過嘛，你的體重可能會直線上升。不過在這個時代變胖可不算什麼大事，甚至還可以算是一件好事，畢竟唐朝以肥為美嘛。

什麼？你不想太胖？

　　沒關係，吃膩了大魚大肉，還有清淡的粥。不過就算是粥，那也是用水晶飯、龍睛粉、龍腦末、牛酪漿等食材製成的，可不是你以為的那種清清淡淡的小米粥。這種粥能夠滋補養顏，雖然看起來沒有那些大菜好看，但是裡面大有乾坤。御廚製作完畢後，還會將其放入金提缸中，垂於冷水池上將其冷卻，最終成為一道解膩的涼品。

　　好了，你現在明白了，基本上你腦子裡面能想到的、想不到的食材都能在皇帝的餐桌上見到，除了那個別皇帝限定自製的菜肴，比如「熱洛河」（傳聞唐玄宗自己設計的菜肴，用新鮮鹿血作為底料煎煮鹿腸，只有歷史上像安祿山和哥舒翰這樣的幸運者才有機會品嘗到），還有什麼理由不把這一桌水陸珍饈給解決了呢？身為一個資深吃貨，今天一定是你這輩子最幸福的一天了吧！

第2章

何以解憂？唯有瓜果。摒棄肥胖擔憂後的甜食主義！

　　若是你穿越成了皇家子弟，那自然是萬千美食盡你享用。但萬一你沒穿進去呢？皇宮進不去，不是皇家人，那就跟皇家美食無緣了？

　　對，基本上就是無緣了。不過話不能說死，如果你是一位面容嬌好的妙齡女子，哪一天走在大街上，把上街私訪的皇室子弟迷住了，也不是完全沒有可能。但有個前提，在以

胖為美的唐朝，你要有微胖的身材才行。

什麼？變胖？

沒錯，最好的方法就是除了主食之外，每日抱著零食吃個不停，這話若是讓眾多吃貨們聽見了，一定紛紛舉手：「這個我擅長！」

說到唐朝的零食，種類自然是比不上咱們今天超商貨架上琳琅滿目花花綠綠的零食，但是也絕對比你想像中的要多不少。沒錯，唐朝並不缺乏好吃的喲。

你可能又要問了，那時候的人吃飯之餘，真的有那麼多閒情逸致去弄些好吃的過嘴癮嗎？還真的有。種類繁多的水果就算得上茶餘飯後解饞首選，維生素那時候還沒被發現，大家吃水果可不是為了補充維生素，單純是為了解渴解饞。生津止渴愉悅身心，有誰不愛呢？

櫻桃、石榴、葡萄、荔枝、李、桃子、梅、梨、柑、桔、柿、山楂、棗、杏、栗、胡桃、椰子、枇杷這些今天常見的水果那時候就有了，而且那時候有一種叫做「柰」的水果今天卻不常見。

其實「柰」是一種蘋果，也稱「沙果」、「花紅」，是中國土生土長的品種，口感綿軟產量不高，並沒有那麼受人喜愛，只能說是普普通通的一種水果。後來外域引進了爽脆可口的新品種蘋果，逐漸就取代了它。

對了，「柰」還有一個別稱叫做「文林郎果」，這就有一段典故了。「文林郎」是隋文帝設立的九品文官，到了隋煬帝時期被廢除，到了唐朝又被重新設立。

有個叫王方言的人在黃河邊撿到了一株樹苗，拿回家種起來，這是一棵柰樹，結出的果子自然就是「柰」了。

這個王方言一看，喲，這是什麼果子，怎麼從來沒見過啊！嘗一口試試，挺好吃的，好像也沒毒，然後得出了一個結論：這是撿到寶了！

他把樹上結的「柰」拿去巴結了當地的一個官員，這位官員是曹州刺史李慎。這個李慎吃了果子，覺得果子不錯，又借花獻佛拿去敬獻給皇帝。這位皇帝便是唐高宗李治，李治嘗了以後覺得很美味，於是問起由來，最後找到了「柰」的發現者王方言，賜予他「文林郎」的官職，並把這種「柰」

命名為「文林郎果」，請人移植到皇宮果園之中。

　　一點機緣巧合就步入仕途，全因這好吃的「柰」果，還真是有意思得很哪！你是不是悔恨自己穿越得太匆促，沒來得及把咱們現代新培植的水果打包帶來，不然說不定下一個因為水果被封官的人就是你了！

　　在唐朝的諸多水果之中，荔枝也是頗有歷史淵源，「一騎紅塵妃子笑，無人知是荔枝來」的句子時常為後人警醒。沒辦法，誰叫這荔枝這麼好吃，俘獲了貴妃的芳心呢？在交通不發達的時代，這些具有地域特異性的水果都是奢侈的象徵，和荔枝比起來櫻桃也是不遑多讓。

　　「櫻桃好吃樹難栽」的道理人盡皆知，當然作為普通百姓可能沒多少機會品嘗到了，但是皇家果林裡必然少不了它的身影。每年櫻桃成熟時，正是新一批新科進士進宮覲見聖上的時候，皇帝為了犒賞群臣，就會設立「櫻桃宴」，獎勵新鮮的櫻桃給大家品嘗。

　　「櫻桃宴」上的果子都是由太監宮女騎著馬從高高的櫻桃樹上直接摘下，放入盤中，官員們按照官階大小依次品嘗，

有些得意者還能有幸品嘗到皇帝親自賞賜的櫻桃。在這之後官員們還有甘蔗漿喝，這甜味怕是世上難有比擬了吧。

這樣的待遇當然是相當豐厚，這既是皇帝向新入朝的臣子們展現皇室珍稀物產的時候，也是激勵臣子為國效力的舉措，常常會有才華橫溢者以此為機會，吟詩作對以表謝恩。

有時候皇帝興致來了，還會敞開果園，讓群臣們自行採摘櫻桃隨意品嘗。不過可不是你想怎麼摘就怎麼摘的，必須要用嘴直接從樹上咬下來，此時就是一派滑稽又歡樂的場面，感覺很像咱們今天的綜藝節目。有詩為證：「含桃最說出東吳，香色鮮濃氣味殊。洽恰舉頭千萬顆，婆娑拂面兩三株。鳥偷飛處銜將火，人爭摘時蹋破珠。可惜風吹兼雨打，明朝後日即應無。」

作為一個平頭百姓，這些名貴水果大抵是吃不到的。不管沒關係，還有很多親民的選擇，葡萄、桔子之類的也不差，酸酸甜甜的多好吃啊。不管呢，吃梨的時候有一個小知識點，那就是最好不要洗乾淨拿起來就啃，那時候的主流吃法和現在是不一樣的。唐朝人喜歡將梨放入密閉蒸鍋，很像

我們今天烤梨、蒸梨的吃法，將梨汁盡數榨出，梨肉溫潤軟滑，吃起來也是另一番風味。

水果好吃，豐富的果糖是最大的原因。但是攝入太多糖分當然會有發胖的可能了，而且腎臟的負擔會變重，腎功能受到影響那可是讓人有苦說不出。另一方面，水果大都新鮮不易保存，又不是家家戶戶都有冷窖能保藏，遇上熱天水果放一放就爛掉了，豈不太浪費了？於是，智慧的勞動人民又開發出了各種新奇的工藝，將新鮮水果製作成蜜餞，方便保存又不失本來的風味，甚至別樣的口感更能引發人的食欲。

不過唐朝的蜜餞還不叫蜜餞，叫做「蜜煎」，顧名思義，用特殊的手法煎製水果，輔以蜂蜜將水果的精華鎖住，吃起來更加健康美味。

當然，除了水果這種天然甜食以外，各色糕點也是很受唐朝人民喜愛的。在唐朝，有個人的綽號叫做「花糕員外」，本來只是一家普通的糕點師傅，因為不斷開發新品種，名目繁多，並且口味獨特品質上乘，漸漸名氣大了起來。後來規模越來越大，徹底在吃貨們的追捧下火紅了，賺錢之後捐銀

兩得了「員外」一職，於是獲得美名「花糕員外」。

　　糕點麵食算是中華傳統美食，製作工藝一脈相承直至今天。製作流程簡略來說，是將白砂糖、麵粉、水等主料均勻配比，可以別出心裁地加入花果香草增加風味香氣，在蒸籠內蒸至暄軟，出籠後的新鮮蒸糕熱氣騰騰，表面光滑，細膩豐滿，不論誰家經過了都難以抵擋香氣，趕忙切上兩塊回去品嘗。熟練掌握紅糖白糖提煉技術的唐朝人真是想了很多辦法把無人不愛的糖做成各種美食。

　　各種甜味麵餅，什麼君子餅、五福餅、紅綾餡餅、千里碎香餅、甜雪八方寒食餅，光聽名字就能想像到咬開麵餅後流出的濃香撲鼻的甜膩漿汁。還有阿膠的食用，醃製數十天以後，佐以冰糖、黃酒、黑芝麻、核桃等配料，攪碎蒸熟，冷卻成凍方便保存，開水沖化即可食用。能夠活血化氣，美容養顏，是唐朝美女閨中滋養的祕寶。

　　以上還只是唐朝甜食中的滄海一粟，也難怪唐朝奉行以肥為美，不是姑娘們想變胖，而是環境實在太過「惡劣」，味蕾時時刻刻面臨著嚴峻的挑戰，實在是「叫甜不迭」啊！

第3章

升官發財？大宴賓客，尋常飯菜怎能滿足？

　　現在你穿越來唐不久，身分是一位官員的妻子。而你的夫君剛剛中舉升官，由於業務能力出眾，得到了上司的賞識，仕途一片大好。十里八鄉街坊鄰居親朋好友聽聞紛紛前來祝賀，那麼家裡也得表示表示吧？

　　別說在今日就算過個生日這樣的小事還得擺個幾桌，那時候升個官那可是大事，你家就是方圓十里最有牌面的那一戶，就算不為了炫耀，至少得為即將上任的官人爭個風光面子吧。

假如你生活在唐朝

好的，那麼問題來了，什麼程度的宴會才算得上有面子？你仔細看了看家裡的情況，自己穿越而來，在學校學的那些二十一世紀的高新技術在這裡完全派不上用場，於是只能窩在家中盡那柴米油鹽的責任。

好在丈夫平日裡俸祿尚可，雖然不是什麼大富大貴之家，但是養幾個傭人婢女還有結餘，不過自己見著唐朝那些「古董玩意」總是管不住手，東買西買閒錢也沒有剩下幾個，要真說要有模有樣地擺上幾桌，那還真是要「大失血」。

不過李白說的好，「千金散盡還復來」，該花的錢還是得花。男人最重要的就是面子，丈夫這麼爭氣，前途一片光明，這是為仕途之路開一個好起頭，窮家富路，這路也應當包含這官路，如今這麼多人光臨會宴，這其中定然會有丈夫以後的上司，給人留下一個有誠意的第一印象，那也是極好的！

這些官場生意經都是千百年來人情世故演變下來的「傳統藝能」，現世的你也沒少經歷這些。於是你帶著幾個貼身婢女管家，坐上轎子向著市集出發了。

這裡得插一嘴，你的這種出行方式是正確的。雖然唐朝被認為是中國古代最開明最開放的朝代，但是卻不允許女性單獨上街。這個知識點咱們前面已經說過了，現在再來回顧一遍，希望你牢牢記住呀！

這裡所說的「女性」呢，特指那些有身分、地位的女性。那些為了生計在街上擺攤賣東西或者是做其他營生的勞動人民，還有為主人上街跑腿辦事的婢女，就不在禁止獨自上街的黑名單裡了。像你這樣有個大官丈夫的夫人，身分還是很尊貴的。你上街就得有幾個奴婢前呼後擁著，再不濟也得有個把男性陪同。否則，你這個孤身上街的貴婦就要被抓起來了。

那麼這宴會到底是個什麼規模呢？你拿出丈夫列的購物清單一看，頓時傻眼，這真的是我的購物清單而不是菜市場的類目表？「米、麵粉、各種蔬菜、雞蛋、牛奶、酥油、蜂蜜、魚、蝦、蟹、鱉等水產、雞、鴨、鵝、鵪鶉、牛、羊、兔、狸……」等等……？熊？鹿？這真的是能在菜市場買到的？不是動物園限定觀看項目嗎？

這就是你沒見過世面了，以上這些還真能從市集上找到。雖然很多名貴食材只是皇宮裡的常客，尋常百姓家並不多見，但是那時候不存在什麼保護動物的說法，瀕危物種之類的概念還沒有誕生，於是什麼珍稀什麼好吃，什麼就是有面子，就是好東西，就更受到有錢人的追捧，所以只要資金到位了，熊掌鹿尾什麼的那都不是大事。

但你沒想到這樣一頓飯要費如此周折，這還會吃的傾家蕩產啊⋯⋯

小販認出了你就是鄉里新官家的妻子，於是前來說道：「這是在張羅著大人的燒尾宴吧！」

「燒尾宴？」這是什麼個說法？不過你不能表現出不知道，只有心虛地點頭：「是啊是啊，這不成文的規矩，這麼大費周章。」

「哎呦！可不能這麼說哦，夫人！」小販連忙擺手，「這燒尾宴是唐中宗的時候就流行了，可不是什麼不成文啊。」

小販賣這鹿尾，平日裡本就沒什麼生意，不過倒也是健

談。好不容易遇上個買主，立刻耍起嘴皮子來：「這燒尾宴的由來，講究可多了。」

你連連點頭，表示想繼續聽下去。

小販接收到了你的資訊，侃侃而談了起來：「燒尾宴的名稱來源有這麼幾種說法：一種說老虎變成了人，尾巴難辦，必須燒掉它的尾巴，才能徹底變成人；第二種說法是新羊初入羊群，因受群羊觸犯而不安，要把新羊的尾巴燒掉，它才能安靜下來；第三種說法是魚躍龍門，天火降下燒掉魚尾，魚才能化身成為真龍。所以這宴席取名燒尾，寓意是辦宴會的主人官場得意，能一路歡快地走下去。所以呢，得辦得風風光光的，給主人長長臉。」

聽得小販眉飛色舞的一番話，你好像有了數：「意思就是吃了這些食材，真就把自己當達官貴人了。」

豐盛歸豐盛，可是這有的東西甚至自己都不認識，做這麼名貴的菜真的不會喧賓奪主嗎？

小販插起了手：「這你就有所不知了，韋巨源聽說過嗎？就是當年那位官拜尚書令左僕射的韋巨源。他當年的那

燒尾宴，那用材，那規模，估計也就在皇室規模之下了吧，要不然連皇帝都賞光前去用餐了哪！當然，阿郎今日還沒到那地步，自然是比不上人家的規模。不過，阿郎日後也定能升大官，飛黃騰達了也不要忘了我們鄉里這些小民啊！」小販還不忘奉承幾句，說的你心裡美滋滋的。

「那你再跟我說說那韋巨源家辦的燒尾宴吧。」

「要說這韋巨源家的宴會，那是各界名流紛紛賞光，皇帝親自賞光，大轎隨從擠得是萬人空巷。然而即便是達官貴人這麼多，宴會上的菜肴依然能讓各位賓客大開眼界。你想想，要準備出那些家世顯赫的人都沒見過的菜，那得多費勁兒啊。」

這小販著實知道的不少，韋巨源的燒尾宴的確是聲名在外，毫不誇張地說，是唐代所有燒尾宴中最奢華也是最著名的。後世流傳有關於這次宴會的菜單，上面所記錄的五十八種菜品，涵蓋了各種水陸珍饈。食材種類之繁多，製作工藝之複雜，堪稱前無古人，後世也難以複製。光明蝦炙、紅羅丁、巨勝奴、貴妃紅、吳興連帶鮓、甜雪、

玉露團、格食、水煉犢、西江料、白龍、湯洛繡丸、同心生結脯、仙人臠、蔥醋雞、鳳凰胎、逡巡醬、清涼碎、生進二十四氣餛飩、雪嬰兒、金粟平、金銀夾花平截、八仙盤、分裝蒸臘熊、冷蟾、卯羹、小天酥、鴨花湯餅、雙拌方破餅、御黃王母飯、天花畢羅、升平炙、乳釀魚、遍地錦裝鱉、五生盤等等，這些菜名光看名字就已盡顯奢華，好似那天上宮殿玉皇大帝的仙菜。當真是論表面功夫做到極致，食材內涵更是乾坤無窮。

見你聽得出了神，小販連忙招呼起了你，「夫人？」

你有些恍惚，這食材怕是弄不來這麼高規格的了，可是就算弄來了這些熊掌鹿尾，估計也沒多好的手藝去配啊。

珍稀的食材往往只需要簡單的烹飪手法就可以做好，但是很多人不知道的是唯有頂級廚師的巧手天工，才能真正解放出食材蘊含的天地精華。隨便舉幾道名菜，「水煉犢」這道菜需要清燉整隻小牛，用大火把帶調料的湯水全部煨乾，把肉燉爛；「雪嬰兒」，是把青蛙剝皮去內臟之後，黏裹精豆粉，擺成嬰兒的形狀，在鍋裡煎貼而成。因為顏色雪白，

所以叫「雪嬰兒」；「同心生結脯」，是將生肉加工成薄片，把肉打成一個同心結，風乾後，成為肉脯；「通花軟牛腸」，是用羊骨髓和其它輔料灌入牛腸內，做成香腸；「水晶龍鳳糕」糕裡嵌著棗子，要在籠裡蒸到糕面開花，棗洩外露；「生進二十四氣餛飩」是二十四種花形和餡料的餛飩製成的。

除了這些最終要進肚子裡的菜以外，宴席上還要上一種「看菜」，這看菜就是工藝菜，我們現代的酒席上那些雕得很好看的用來裝飾的菜，就是這裡所說的看菜。

韋巨源的燒尾宴上有這麼一道搶鏡頭的看菜——「素蒸音聲部」。這道菜是用蒸麵捏成七十個歌女樂人的模樣，配上顏色鮮豔的素菜製成。就這些菜放在桌上，客人們還沒動口就已經歎為觀止，而主人家的面子也掙得足足的。

好了，燒尾宴瞭解的差不多了，你也別多想了，擦擦你嘴邊的口水，抓緊時間搜刮搜刮新鮮的食材去吧，晚了好貨可就沒啦。

第4章
當你在唐朝街頭走一走，肚子又鼓了一圈

　　追本溯源，民為國之本，前面說了那麼多，那都是些特殊例子，不能作為唐朝平民百姓的真實寫照，畢竟尋常百姓家要能各個吃得起山珍海味，那這動物保護法說不定還真得提前個幾百年發佈。

　　在唐朝，無論是朝廷政府的政策，還是勤勞的人民自己，無時不刻不在創造著財富，物產豐富成為了唐朝的標籤。作為一個唐朝吃貨，即便你家境沒有那麼殷實，走上街頭放眼望去，吃喝玩樂一應俱全，貴的東西吃不起，可以吃

......

便宜的嘛，唐朝的各類食物不論貴賤，放開手腳去選擇那是綽綽有餘。當年在唐朝的街頭走一走，如果不胖兩斤，那只有一個原因，那就是錢沒帶夠。

不相信？那好吧，我們去街裡走一圈！

正午時分，你捂著耳朵等著開市的鼓聲敲完兩百下，就可以擠在人群裡逛市場了。盛唐的繁榮，隨便從一條街道，就可以瞥見一斑，頗有今天節假日裡旅遊城市購物街的風貌，萬頭攢動，叫賣聲此起彼伏，所見的吃喝你都想嘗個遍，所見的手藝物件你都願意把玩。

每家店都裝修得挺有特色的，酒肆門口放個酒壺裝飾品，還插著酒旗，酒香就在人群中躲躲藏藏，挑逗愛酒人士的神經。由於唐朝開放的外交政策，你甚至可以經常在人群中瞧見金髮碧眼的外國人，他們已然被琳琅滿目的上品迷了神智，文化藝術不分國界。

眼睛已經被這些琳琅滿目的商品晃暈了，鼻子可還是靈著呢，這邊餅的香味剛被你搜索到，那邊湯的香味又把你吸引了。行了行了，知道你已經饞了，還不趕緊挑幾樣小吃先

解解饞？

　　沒有現金？信用卡支付？別逗了這裡是唐朝，沒有錢想吃霸王餐不成，小心攤販們招呼來來往往的市集上的執勤官人把你押解公堂。

　　沒錢沒得吃，那就算了吧？大可不必，一分錢難倒英雄漢，唐朝人民可是為你這樣的「好漢」提供了相當大的便利，市集那頭就有現成的當鋪，趕緊看看身上有什麼值錢的珠寶首飾拿出來當了去，機會難得可不能委屈了自己的嘴巴。

　　唐朝的當鋪分很多種，最初的典當業居然是被寺院壟斷的，雖說六根清淨，不問凡塵俗世，但人還是要吃飯的嘛，商業頭腦這一塊，和尚給你整的明明白白。當然，後來典當行業興盛起來以後，民辦和官辦的當鋪也是隨處可見。

　　民辦當鋪也就是那些有錢商賈大財主、大地主家裡創辦的，官辦就是在政府的支持或者官僚的贊助投資下興辦，至於典當的匯率這還真不是一時半刻說得清的，還得你自己親自比較比較。

　　不過唐朝經濟發展迅速，這方面差距不會太大，用今天

時髦一點的話來說，那就是為了促進消費，政策是可以適當放寬的。

正巧你身上還真有些不錯的首飾，拿去當了好些兒通寶錢幣，沉甸甸一大包，拿著怪累的也沒有安全感，適應了現代的無現金消費，到了唐朝有些不適應了？別擔心，之前就說了，為了消費者的便利，唐朝人早就考慮到了方方面面，市集附近的櫃坊會為您服務。

這櫃坊就有點像今天的銀行，專營錢幣存儲和借貸方面的業務，你只需要將你的大把錢幣寄存於此，櫃坊就會返還給你明確的帖子或者你留下的特定信物做為憑證，很像是今天的存摺。想用錢的時候去取一小部分出來就可以，很方便，只不過需要一定的保管費。

那如果距離我存錢的櫃坊相距好幾個縣市怎麼辦？那也好辦，因為有飛錢。飛錢類似於今天的匯票，也叫做「便換」。你去經營飛錢的地方把錢存著，換一張券。這張券就是你存錢的憑證了，基本上全國通用，這種先進的輔助消費方法真的是十分先進。

第三篇
是何等美食讓唐朝美女放棄了身材管理

行了，萬事俱備只欠動嘴了。你看見一家名為「長安食坊」的店鋪，走進去一坐，把錢往桌上一拍：「小二，你們這有些什麼呀！」

小二？拿著抹布的夥計剛湊上了幾步，又愣在原地，左看看右看看，「這是在叫誰？誰是小二？」

不是唐朝人沒見識，而是你受了後世影視作品的影響太深，「小二」這個稱呼在唐朝的時候還沒有被發明出來，你叫人家小二，別人還以為是說他家中排行老二的意思。

你應該叫人家「博士」，別驚訝，這和今天的博士區別當然是很大的，在唐朝，「博士」就是對從事餐飲服務業的小夥計的特定稱謂。

「您想吃些什麼？小店什麼都有，您若是想吃餅，胡餅、蒸餅和湯餅都在鍋裡熱乎著呢。若是想吃飯，稻米飯、粟米飯、黍米飯一樣不少，各種醬料調味品要什麼有什麼，滿足您的各種口味需求！」

「那給我來碗水餃吧！」你聽了半天迷迷糊糊，一時半刻也不知道選什麼，就隨意點了一樣。

093

這回博士又迷糊了，水餃是什麼？

什麼？水餃都沒有你還敢說你們店裡什麼都有？你環顧四周，果然在旁邊桌上找到了餃子，於是指著說：「就那樣的，給我來一碗。」

「哦哦，您說牢丸啊，看您的說法，您應該是外地人吧。」

原來啊，在唐朝餃子這個稱呼還沒被發明出來，水餃、蒸餃之類的通通不叫這個名字。唐朝人稱呼餃子為「牢丸」，水餃就被叫做「湯中牢丸」，蒸餃就叫做「籠上牢丸」啦，肉丸子被麵皮囚禁其中，像是坐牢一樣，是不是很形象！

你要是跟博士說來碗餛飩，也是能被正確理解的。因為唐朝的餃子和餛飩是一個意思，只不過餛飩的稱呼已經先於餃子出現了。在北方地區，餛飩也是過年必備的食品，過年時吃的餛飩被稱為「年餛飩」。

作為美食達人如果你有興致去深入民間調研一番，就會知道一些老字號大小金牌店鋪，比如長安最著名的頒政坊的蕭家餛飩，遠近食客無不說好，地位基本上等同於今天的網

紅店，並且真材實料技術過人，童叟無欺。

　　吃完水餃，那才剛夠塞牙縫，趕緊付了錢趕往下家再嘗嘗其他餅吧。不過為什麼還是吃餅？原來啊，這還是唐朝說法的緣故，就連你剛剛吃完的那碗「牢丸」，那也得算是餅。總而言之，唐朝把很多水裡煮的麵食，比如麵條、水餃、麵疙瘩、麵團麵片，都叫做餅，大名喚作「湯餅」，麵條叫做「索餅」。

　　另外今天受歡迎的宵夜小吃之一涼麵，在唐朝也早有原型，當時叫做「冷陶」。著名詩人杜甫就是冷麵的忠實擁護者，有詩為證：「青青高槐葉，采掇付中廚。新面來近市，汁滓宛相俱。入鼎資過熟，加餐愁欲無。碧鮮俱照筋，香飯兼芭蘆。經齒冷於雪，勸人投比珠。」在簡單介紹了涼麵的製作手法之餘，還寫出了涼麵甚至具有「消愁」的功效，我們後世常說過去的詩人借酒消愁詩興大發，說不定還真有吃麵消愁的呢！

　　除了湯餅之外，唐朝著名的餅還有胡餅和蒸餅。

　　胡餅胡餅，胡人賣的餅。唐朝開明的民族政策使得全國

　　各族人民之間的往來日益密切，生活中各方各面都開始相互交錯影響，獨具胡人民族特色的衣食也逐漸融入進了長安人的生活之中並且廣受好評。

　　胡餅在這其中還有相當高的地位，百姓愛吃不說，送禮辦事這胡餅也是佳品。白居易曾經寫過一首詩《寄胡麻餅與楊萬州》：「胡麻餅樣學京都，麵脆油香出新爐。寄與饑饞楊大使，嘗看得似輔興無？」通篇簡單明瞭，就是說白居易自己在忠州吃到了堪比京都手藝的胡餅，還不忘寄給「饑饞」的楊大使，讓他品鑒一下這胡餅的口味像不像出自京城做胡餅最有名的店——輔興坊。

　　而詩中所說的胡麻餅呢，就是在胡餅上撒上胡麻製成的。這種胡麻餅可以是沒有餡的，也可以根據個人喜好在裡面包上各種餡。通常包得最多的是肉餡，稱為「肉胡麻餅」。但是普通老百姓沒有那麼多錢買肉，所以大多吃無餡的胡麻餅。達官貴人們這些所謂的「肉食者」，才能常常吃到好吃的肉胡麻餅。

　　有點像今天肯德基、麥當勞裡面的巨無霸漢堡，反正就

是加肉加料，這可是有錢的富貴人家才能吃得起人的「豪華版」了，有種叫做「古樓子」的餅就是這麼回事，平凡無奇的胡餅之中夾上羊肉，撒上外域傳來的祕製香料調味粉，放在爐中烤至半焦，那香味直教人口水直下三千尺。

按理說這肉餅再下肚，那差不多也飽了七、八分了，那這時候又看到新鮮的蒸餅，又該如何是好呢。

其實也不必多有顧慮，這蒸餅，也就是我們今天的饅頭、包子之類的蒸熟麵食，不過你在小販的蒸籠裡可很難找著饅頭君那臃腫的身影。因為唐朝的饅頭大多是用來祭祀的，一般不拿來吃。饅頭的唐朝名字有很多，除了沿用至今的「饅頭」，還有「釘坐」、「加釘」、「曼頭」這些小號。

俗話說米麵不分家，唐朝的麵食分支這麼繁複，那米呢？

話說剛開始大米還真沒有那麼高的流通度，畢竟國家幅員遼闊，這種很看氣候土壤的作物種植還沒能做到全方位覆蓋。然而你在長安集市上閒逛，米食可一點也不少，這就歸功於政府的「南米北調」政策了，杜甫有詩云：「稻米流脂

097

粟米白，公私倉廩俱豐實」，說的就是來自南方的大米讓北方人民不愁米吃的事情。

政府為了保證「肉食者」們吃飽了肚子多幹活，有這樣的明文規定：政府每月依據品級給在京城做官的官吏發祿米，米成為了俸祿的一部分，可見人民對米的喜愛重視。

不過你集市上看到的米飯還是以粟米飯居多，畢竟南方運送過來的大米數量也有限，遍地都是那顯然不可能。但是你要是和哪位達官貴人打點好了關係，去人家家裡做客，那就很可能品嘗到正宗的稻米飯了。

說起米食，它的花樣可不比麵食的花樣少。在唐朝，你可以吃到稻米、小米、黃粱、青粱、白粱米，黍米做成的米飯，配上幾盤小炒，果腹又解饞。

而在江南水鄉，又有一種獨特的米飯，叫做「烏米」，也叫「青精飯」，用糯米染烏飯樹法之汁煮成的飯，顏色烏青，是寒食節的食品之一。是青精飯在今日江蘇宜興、溧陽南京一代早已成為習俗。

關於烏飯的來歷，有這樣的兩個民間傳說。第一個是江

蘇溧陽地區的民間傳說「目蓮救母」。目蓮是釋迦牟尼的弟子，他的母親被關進了十八層地獄餓鬼道。目蓮得道之後，費盡千辛萬苦，才終於得以去地獄看望母親。目蓮每次探望母親都會準備好飯菜。但是每次都會被餓鬼道裡的餓鬼獄卒搶吃一空，母親依舊得挨餓。目蓮為了讓母親不再挨餓，挖空心思想辦法。

農曆四月初八這一天，目蓮在山上無意間摘下一片葉子放入嘴中咀嚼，他驚奇地發現這種樹葉十分可口，汁液烏黑。目蓮將這種樹葉拿回家搗碎，用汁液浸米煮成飯，將這烏黑的飯拿去給母親吃。

餓鬼道的餓鬼獄卒們看到這烏黑的飯，認為一定很難吃，於是就沒有搶著吃，目蓮的母親才得以吃飽飯。最後，在目蓮的努力下，母親成功脫離了餓鬼道。為了紀念目蓮，讚揚他的孝心和機智，溧陽人每年農曆四月初八這一天都要吃烏飯。

這第二個傳說就沒那麼玄乎了，聽起來更接近現實一點。古時候有一位叫石駄的農民犯了罪，被抓去坐牢。那時

……

的監牢沒有提供牢飯的服務，吃喝全靠家裡人送，而那時候編制的獄卒也疏於管理，經常肆無忌憚地搶佔原本屬於犯人的食物。

石馱的妻子明珠心繫丈夫，特別還搬到了離大牢很近的地方住，帶上家鄉的好米，每日送上好吃的飯菜。可是時間一長，明珠看著丈夫越來越消瘦，對牢裡發生的事情也知曉個七、八分了，但也沒什麼辦法，所以她心裡十分著急。

後來，聰明的明珠想了個好辦法，她去山上採了許多烏飯蘆葉，用它的汁液煮了一鍋黑黑的米飯。雖然看起來讓人沒什麼食欲，可是實際上味道好極了，而獄卒們都被這烏飯的外表欺騙了，認為是發霉變質的米飯，便不再搶著吃。石馱終於吃上了飽飯，並於一年後刑滿釋放。

為了紀念賢慧聰明的明珠，當地的人們每年農曆四月初八這天，也就是明珠的生日，都會吃烏飯。當然在這長安城裡，你可能還沒那個口福，還是等哪天得了空，去一趟江南水鄉吧。

最後實在是吃不下了，那就來上一小盞粥，潤一潤胃，

第三篇
是何等美食讓唐朝美女放棄了身材管理

追隨白居易的腳步：「白居易，在翰林，賜防風粥一甌，剔取防風得五合餘，食之口香七日」來上一碗「防風粥」，此粥有祛風解表，散寒止痛的功效。輕輕吃上幾口，就把唐朝美食的細膩，全吃進嘴裡去了。

......

假如你生活在唐朝

第四篇

不用做「房奴」是一件多麼幸福的事情

假如你生活在唐朝

第1章

人有多大官，家住多大房

在長安城吃喝玩樂了好幾天，每天晚上就住在旅館客棧，完全一副遊客的姿態，這樣長久下去也不是辦法啊，長住於此，買房那是必然的事。可能在現世，你正好是個正在為買房打拼的年輕人，但到了唐朝，你摸摸錢包，不禁想問，這個年代也能貸款買房嗎？

先不用著急，唐朝的住房市場是個什麼樣心裡還沒個數呢，要好好研究一番。

從最高規格的住宅說起，那自然就是皇宮了，皇上住的

地方，你今天在一些著名景點看到的各種宮差不多就是那意思，雖然可能沒什麼住進去的機會了，但是瞭解一下也無妨。

隋煬帝時期大興土木，建造了很多宮殿滿足私欲，壓榨人民間接導致王朝覆滅。於是李世民吸取前人教訓，在建國初期主張節儉，很多宮殿直接在隋朝遺留下來的舊殿加以改造，新建的離宮用了草頂。

到了大唐盛世，國力強盛，國民富庶，於是節儉的習慣慢慢被遺忘。唐高宗在洛陽建造了宿羽宮、高山宮、上陽宮等宮殿，武則天建造了明堂、天樞，基本就相當於今天的摩天大樓級別的建築。

明堂也叫作「萬象神宮」，這「神宮」可不是說說而已，乃洛陽的地標建築，也是中國歷史上體量最大的木質建築，而且無論外觀內在，都是採用了當時稱得上驚世駭俗的施工技術，是世界建築史上的璀璨明珠。

明堂高 294 尺，大約 88 米，加上頂部金鳳高約 91 米。明堂一共有三層，高度是 294 尺！怎麼樣？是不是非常高！除了高，還很大呢！四周有 300 尺。除了大，還很精巧華美

……

呢。

下層取法四時，各隨五方色；中層取法十二辰，設有九龍環捧著的圓蓋；上層取法二十四氣，頂上也有圓蓋。上面又放置著塗著金的鐵鳳，高有一丈，表達了女皇巾幗不讓鬚眉的氣概。

明堂的北方，還造了一個「天堂」。別誤會，這可不是人西去了之後去的那個天堂，也不是你夢想中那個有吃不完的零食，花不完的錢，看不完的美女的天堂。這個天堂是專門用來放佛像的，而且放的是巨大的佛像，天堂有五級，比明堂還要高許多。

再說「天樞」，天樞取名自北斗七星第一星，武則天建造它就是寓意武周帝國一統萬國，周圍附屬邦國都像眾星一樣朝拜自己，俯首稱臣。天樞高度 150 尺，以鋼鐵鑄造。史料記載，各國君臣聚錢百萬億，買盡天下銅鐵仍不足用，只好用民間農器補足，其規模可見一斑。

而所有宮殿中最為耳熟能詳的要數大明宮了，大明宮也是唐代最大的宮殿，比現在北京的紫禁城大四十四倍，以屹

立於磚臺上的殿閣與向前引伸和逐步降低的龍尾道相配合，講星羅棋佈的宮殿群串聯交錯，表現出了一個封建大帝國鼎盛時期雄渾的建築風格。

當時的宮殿建築群主要有三個，一個就是這宏偉無比的大明宮，它位於都城長安的東北方向。一個是位於長安城正北方的太極宮。這個太極宮就是人們所說的宮城。宮城呈長方形，東西長 2820 米，南北寬 1492 米，周長 8.6 公里。宮城分為三個部分，正中央為太極宮，稱作「大內」；東側是東宮，是太子居住的地方；西側是掖庭宮，是後宮妃嬪們的住所。宮城的南邊是皇城，是中央政府辦公的地方。

太極宮和大明宮是相通的，城牆旁有連接兩個宮殿的複道，兩宮的人可以彼此往來。第三個宮殿建築群是興慶宮。這是三個宮殿群中最年輕的一個，是玄宗時期建造的。它的前身是玄宗皇帝自己的舊邸，改造成宮殿之後，華美雄偉，煥然一新。興慶宮有花萼相輝樓和勤政務本樓。占地有兩個坊那麼大。樓前有大廣場，是專供節日的時候歌舞表演用的。

假如你生活在唐朝

這些宮殿中的佼佼者，含元殿，坐落於龍首高原。龍在古時候象徵著什麼自然不必多言，含元殿眾星捧月一般矗立於此，宛如巨龍俯視著自己的天下，象徵千秋萬代一統天下。

這含元殿高有 50 多尺，面闊 11 間，左右兩廂建了兩個閣子，分別叫「棲鳳」、「翔鸞」，既有藏龍臥虎之內涵，又有吉祥如意的寓景。

含元殿的殿前是一條長 75 米的龍尾道，群臣站在道上參拜的時候，「仰觀玉座，若在霄漢」，朝拜的群臣有的甚至都看不清皇帝的長相，不過這樣也更能凸顯出皇帝高不可攀不可侵犯的地位，而皇帝對麾下長龍一般的隊伍也是盡收眼底，即使看不清後面的臣子，但也依然有著一切盡在掌握的氣度。

醒醒，別意淫了，這種唯我獨尊的快感怕是一輩子也體驗不到了，皇宮禁地怎是凡人所能踏足的地方，倒是努力努力考個舉人步入仕途，做個官還是有那麼點希望的。那麼，唐朝的那些高官住得又如何呢？

唐朝的官邸不是免費提供的。大唐政府有規定，官員

住官邸是採取租住制的，如果你當上了京官，自己又沒有買房，那政府可以把官邸租給你。

我們在影視劇中常見到的某位大人家的宅邸，通常大門上掛著牌匾「張府李府」之類的，那就算的上是相當好的官邸了，通常只有那些德高望重的朝廷重臣才有資格，而朝廷也會給予相應的福利政策。但是一些職階比較低的官，如果家境再很一般的話，是並沒有官邸居住的。

是不是一下子就寒酸了很多，大詩人白居易就曾經有過這樣窘迫的經歷。

當時白居易在京城做官，官職是禮部主客郎中。說是個官，其實只是個九品芝麻官，這個級別的官職，連官邸都沒有資格租。

失意是一碼事，好歹多少算個官，總不能露宿街頭和叫花子為伍吧。身上也沒幾個子兒的白居易只有在長安東郊長樂里租了幾間茅草屋暫作居所，還寫了首詩表達心中的沮喪失意：「遊宦京都二十春，貧中無處可安貧。長羨蝸牛猶有舍，不如碩鼠解藏身。且求容立錐頭地，免似漂流木偶人。

......

109

但道吾廬心便足，敢辭湫隘與囂塵。」直到後來白居易存了些錢，也在長安城邊的陝西渭南縣買一座像樣的房子，因為城裡的房價還真不是他這一員小官所能消受得起的。

那些大官的宅邸就不用說了，很多時候朝廷給他們分配的辦公衙署就在皇城中，而官員們的住宅在居民區裡。住宅首先給人留下印象的自然是大門，條件稍微好點的官員也會在面子上花大工夫，盡顯氣派。比如大門有的採用烏頭門形式，宅子通常是四合院，用有直窗櫺的迴廊連接著。也有些房屋位置不完全對稱的，但是仍然是用迴廊組成庭院。

這些官邸的結構大多都有明顯的中軸線，左右被中軸線分為對稱的兩部分。主要的建築都在中軸線上，左右建造一些次要庭院。這其中最大的是中央的主要庭院這個庭院的後面通常建著正殿。正殿的左右有迴廊，迴廊曲折向前，圍成一座四合院。走廊轉角處和庭院兩側常有樓閣與次要殿堂，用圈橋來連接這些樓閣的上層。

整體建築層次分明，錯落有致。這些官邸的屋頂常用疊瓦屋背脊鴟吻，瓦當則多用蓮瓣圖案，還有一些用木仿瓦，

在外面塗上油漆，以及用「鏤銅為瓦」的情況。

唐朝的科舉制度決定了做官的大都是文人雅士，喜好花草山水那是常情，在後院中央請人擺設點梅蘭竹菊假山活水，工作之餘在此逗鳥吟詩也算是抒發閒情雅致的小寶地。

但是，中舉做官哪是那麼容易的事，無數學子寒窗苦讀數十載才能換得來這烏紗帽，咱們這初來乍到的還是安心做自己的「一介布衣」吧。

作為布衣，安居樂業幾乎就是人生的最高追求了，而政府為了方便管理，將民居工整地規劃起來。唐長安城街坊以道路劃分，全城一共被劃分為 108 個坊，坊是城中的一個居住單元，每個坊的面積大約是 25 至 70 公頃，很像今天社區的規模。

坊裡面有巷、曲等井字形道路系統，房屋的門開向巷、曲，你要是想上街，必須要通過坊門，坊四周有高牆圍著，坊牆不得隨意開門開店，夜晚還要實行夜禁制度。半夜三更小心火燭，更是要小心盜賊入戶，畢竟那個年代家家戶戶只是圍牆木門，政府直接一紙禁令全盤管理，就像關閉社區大

……

門一樣。

　　而在坊裡，每間屋子的規格都是受政府約束的，政府確立的房屋規格標準是庶民構屋四架，門一間兩架，也就是說違章擴建，比如搭個二層小樓，圈個院子，拆牆擴展空間，那可是要被帶去官府受罰的，而且拆違章建築也是很快的，所以就算你做生意發了大財，但只要在這坊裡，你還是得接受統一的規格。

　　那我有錢想住好房子也不行嗎？當然不是了，如果你成了有錢有勢的大戶人家，那自然可以從這平民街坊裡脫離出來，在政府允許的地界修建自己的氣派豪宅，甚至門內納個三妻四妾，在各處置辦房產，也算是一種投資啦。

　　大戶人家的房屋，一般都是四合院式的庭院結構。由大門、前院、主院、後院構成，大門前面還有照壁。照壁是中國傳統建築特有的部分，又稱影壁或者照牆。據傳是古時候的大戶人家，可能因為在家道雄起的過程中遇到了不順心不吉利的事，或者曾經做過什麼虧心事，到了晚上會感覺有小鬼從外面闖進家中，而小鬼是只能走直線的，於是在門洞後

砌上一堵牆，就會斷了小鬼的路。

照壁後面就是大門了，大門的旁邊還設有小房。有客人造訪時可以讓客人進來休息或者下榻，也被稱為「客館」和「門館」。進門之後，先到的是前院，然後是中門，然後才是主院，兩院的東西兩廂房都各自有廊屋。

宅院的正中央是中堂，這是整個宅子最核心的地方了，這裡是舉行宴會、接待貴賓、開設典禮的地方，通常地界開闊，對稱整齊地擺放用上好木材打造的桌椅，用以彰顯主人家的氣度。書香門第還要在中堂另闢書房、畫室這樣的地方，擺滿書畫字幅來營造書香高雅的氛圍。

而主屋的邊上就是旁屋，通常都是主人家養著的婢女小廝，當家主有任何需求的時候他們能夠隨傳隨到。

最裡面的內院那就是留給女眷們的了，家中大小姐啦，夫人啦，藏在這後院，修上幾座假山，種上花花草草，裝點個小花園，養幾隻小雀兒，讀讀書做做女紅，享受閒適的生活，想想可真是一副美哉的畫面呢！

第 2 章

家宅平安發財暴富
全靠風水了！

買房容易，一手交錢一手交房的事，但是選房從來都是
最麻煩的過程，古往今來皆是如此。

在今天，有什麼學區嗎？交通便利嗎？靠近捷運、火車
站嗎？綠化環境好嗎？停車場怎麼樣？研究清楚真的是一件
非常繁瑣的事，雖然在唐朝是沒有這麼誇張的條條框框，但
是古人們特別看重的一點，那就是房屋的風水，這就需要去
請風水先生了。

風水先生是風水文化的創造者和傳承者，他們給人們擇

地、預言吉凶，是十分特殊的一個群體。這個群體裡，有士大夫，有和尚道士，還有一些神祕的民間人士。

如果你完全不瞭解這個領域，你可能會以為這是封建迷信，然而實際上這是一個龐大的知識體系，其中蘊含的文化習俗和門道那可是深不見底。

風水先生可不是什麼裝神弄鬼跳大神的江湖騙子，他們飽讀詩書，通曉各地文化習俗，而且他們之中很多都與皇室成員接觸密切。

皇帝作為一國之君，在修建各類宮殿包括陵園的時候，都特別講究風水習俗對自己的影響，畢竟這幾乎就是國運的走向，所以風水師可以在皇帝的批准下接觸到最好的風水典籍，有著得天獨厚的學習調研環境。

而且士大夫階層的地位相對比較高，號召力也相對廣一點，這樣一來，組織個學術交流會什麼的也不費什麼大力氣。大家互相學習，互相交流，全國各地的風俗習慣風水門道相互交錯，構成了十分科學實用的風水學。

還有的風水師是道士或者和尚。自古以來，道教都是與

陰陽五行聯繫在一起的，自然也研究風水之術。很多道士都有身兼數項技能，比如煉丹、占卜、驅邪、給人看風水等等。而僧侶，如你所知，佛教也是個盛產大師的地方。大概是因為佛門清淨地，不被打擾，研究起學問來更容易全身心投入吧。而且僧人還可以雲遊四海，見多識廣，自然也懂得多了。

還有一類風水師，做到「大隱隱於市」，像是少林掃地僧一般，他可能是你身邊賣炊餅的大叔，可能是隔壁家遊手好閒的老王。

他們遊歷山川，神龍見首不見尾，只存在於民間傳說和野史記載當中。他們準確預測了無數禍福吉凶，成就數段佳話，默默地將風水學這一門高深的學問傳承發揚下去。

你好不容易請來了風水師，趕緊請教，恨不得拉上人家把這十里八街全跑個一遍，把這吉凶幾何全部測個通透，畢竟能不能走好運升官發財全靠這個啦！

風水師會告訴你，等郎君買好了房子呢，先記得要在室內供奉著神仙像，不是光放著就行的，按時供上供品朝夕禮拜，祈求神仙保佑，心誠則靈，升官發財就指日可待了。

　　這風水如果選得好呢，不僅自己和家人會過上好日子，你的後代也會過上好日子；如果選錯了風水，那不僅你倒楣，後代也要跟著倒楣了。你別不信，隨便打聽打聽，就會聽到多少人家道中落甚至家破人亡，全是當初在風水這方面不講究。所以，你還不好好伺候人家師傅嗎？

　　即便是房子選好之後，很多時候也會需要改建或者擴建，這時候就是要動土木。比如房屋上梁的時候需要供奉香花祭祀，還要念上梁文，唱《上梁歌》，對著天地鬼神祈禱，願闔家平安家業興隆。第宅建好之際，還要請道士念《鎮宅文》來保佑宅子不被鬼邪侵擾。

　　還有個挺好玩的習俗你之前一定沒聽說過。唐朝人在建造好房屋之後，要在房屋旁邊豎立一塊「鎮石」。這是為了驅魔鎮邪而立的，鎮石上還要寫上「石敢當」三個字。

　　這是普通人家的做法，有些官廨旁邊的鎮石上的字會複雜一點。比如，福建莆田的某鄭姓縣令就在當地的官廨所立的鎮石上刻了「石敢當，鎮百鬼，壓災殃，官福利，百姓康，風教盛，禮樂張。」

又比如開挖地界，要測一測這地下水脈流向，地脈走向，打亂了這土地天然的靈脈平衡那就是得罪了土地老兒或者是當地的土地神，嚴重起來這一片地區的百姓都得跟著遭殃。

新宅建成，那肯定不必等待什麼甲醛揮發，而是可以請這周圍的友鄰來家中相聚，一來是為了熟絡鄰里關係，二來也是用人氣來去除這地界原本可能殘餘的清冷氣息，幾桌人殺雞宰羊，好不熱鬧，這新宅才是個好兆頭啊。

第3章
唐朝的室內設計師
必須打五星好評

　　房子到手了，立刻住進去？這可不是現在的精裝房，直接拎個包就可以入住。傢俱粉刷什麼的都還沒半點樣子，這要是直接住進去那可真是失了身分。這時候就要請來專業的室內設計師，來為您量身定制一套低調而不失奢華的家居了。唐朝的長安城就已經有皇家設計學院的存在，生活品質這一塊，是什麼時代的人都不變的追求。

　　這裝修，總結起來就是一句話，「師父領進門，要求在個人」，你只需要把你想要的家居風格給設計師大概描述一

......

下，設計師自然會親自掌控每一處角落，甚至親自動手給你搬個櫃櫥刷個牆。長安皇家設計學院的技術水準還真不是蓋的，這不，沒過多久就完工了，你直接驗收即可，有什麼要求和不滿意的直接提出來，一條龍服務包整改。

走到了煥然一新的宅子裡，咱們首先驗收的是客廳。設計師開始得意地向你介紹著這屋裡的各個物品。首先，這坐床是用上好的木頭做的，美觀氣派，主要是這一對往這堂中一擺，盡顯主人的品味。上面的花紋是石榴和核桃，精雕細琢，象徵了郎君日後必定多子多孫、多福多壽。再看這幾案，都是請城裡最好的木匠打的，品質自然不在話下，尤其是這憑几，三百斤的人都壓不壞。

再來看看這燈，現在白天看不出來點燈的效果。不過這燈檯也是暗藏玄機，這燈檯上刻著的鳥獸，仔細瞧一瞧看一看栩栩如生！這個燈檯不僅好看而且實用，可以同時點十盞燈呢，到了晚上啊，屋內亮如白晝，不論是夜讀還是美酒夜光杯，立刻營造屬於你的小世界。

再來這邊看看，這花瓶是上好的青瓷製成的，繪製嬌豔

的花朵，是方圓百里最好的手藝，是不是很精緻呢？對了，還有這屏風也很雅致，上面的美女活靈活現，就跟隨時會從畫裡走出來似的。

屏風後面就是臥房了，是專屬你的隱私空間，這大床直接就奠定了典雅舒適的基調。這材質用的木頭會散發出淡淡清香，幽幽撫人，讓人心神寧靜，在這種環境下入睡，白天裡勞累的神經立刻就能放鬆下來。床身上刻著連理枝和比翼鳥，等到你娶一位美嬌娘回家，這設計一定可以博得美人一笑。同樣的，床上的衾（就是我們現在所說的被子）裡子是上好的棉花，面子是絲綢的，花紋是鴛鴦的，簡直就是可觸及的溫柔。這枕頭是竹子做的，上面的圖案也是鴛鴦，枕著睡覺對頸椎很好，輔以淡淡竹香。再看這床帳，是用綾羅製成的，看看這上面的牡丹花，象徵著大富大貴！

再過來看看這香爐，形狀是個鵲尾。爐蓋上雕的花紋是走獸，多在室內點香，可以安神助眠，薰染被褥，還可以驅邪呢！這把銅鏡是專門為郎君日後的夫人準備的，上面刻得是雙鸞銜綬紋，也就是鸞鳥的嘴裡銜著長綬的圖案。這圖案

不僅好看，還有特別的寓意。「綬」與「壽」諧音，鸞鳥又是吉祥鳥，這個雙鸞銜綬的紋樣隱喻了郎君一家吉祥長壽。

　　是不是已經心花怒放了？這居室設計就是這麼別出心裁，處處皆是心思。再看這書房的設計思路，不遑多讓。坐北朝南，採光極好，全套定做的紅木桌椅書櫥，品質品相都是上乘。筆墨紙硯都已經採辦好了，來了興致直接大筆一揮，抒發一下雅興。

　　書架和書櫥也是上好的木頭打造而成，上面雕著精美的花鳥圖案。還有些空置為隔間，等有空上街買點喜歡的工藝品、字畫等物件擺著，營造出濃郁的文化氣息來。

　　屋後的院子，設計師也是絞盡腦汁地在有限的空間裡搭建了園林般的景致。花圃裡種植著牡丹、芍藥、梅花、桃花等等，一年四季都能賞花。旁邊還有個池塘，裡面種著荷花、蓮花，還養著幾十尾魚，情趣滿滿。

　　光是看這些光景幸福感是不是就已經在心中蕩漾了？彷彿成家之後兒女滿堂的場景就在眼前，或許這就是住宅給人的安定感吧。

第4章
如何一勞永逸地
假裝自己是個讀書人

　　書房佈置得如此典雅，要不要給它取個頗為風雅的名字呢？古時候的文人啊，真是無處不想著彰顯自己的才學，他們喜歡用齋、堂、居等字眼，配合上花鳥典故，來給自己的書房命名。

　　這其中，「齋」字就頗有韻味，齋有清淨靜心之意，在書房之中與文學為伴，應當做到清心寡欲，面對浩瀚的知識應當懷有謙卑恭敬的心。讀書本就是修身養性為本，一個好名字就像是醒言一般，時刻勉勵自己。

......

　　其實書房的裝修並不需要多麼豪華，過於奢華的追求外在恰好和讀書追求內心的富足相悖。但是書房的環境佈置一定要講究。白居易的「草堂」，就坐落在風景優美的廬山上，在香爐峰與遺愛寺之間，僅從屋子本身來說，真算得上是「家徒四壁」，但在這山水之間，鳥語花香百草豐茂，對於喜好寄情山水的文人來說簡直猶如天堂。「斯是陋室，惟吾德馨」的說法，正是文人覺悟的縮影。

　　當然條件好一些，在書房裡佈置得「雅」一些還是很簡單的。一桌一椅一盞燈，再擺上幾架書，就完全足矣，但要讓人賞心悅目那還得再花些心思。除了基本的桌椅櫥燈，依照主人的喜好還會添置几榻、樂器、香器、水器、古玩珠寶等等。

　　這几榻是何用？不會是讀書讀累了直接躺倒呼呼大睡吧？當然不是，文人們的自律性可沒有這麼差，很多時候在思索焦慮之時，有這樣一張几榻，簡直太舒適，閒置的時候放東西用也可以。

　　文人還有一種愛好，那就是焚香，就如同飲茶一樣，

後來慢慢演變成了一種生活方式。在書案邊置上一個小盞，其用途和妙處不少，燒完一炷香可以計算時辰，香氣提神醒腦，夏季還可驅蟲去暑，這些都可以提高讀書的效率。

作為書房的根本，書櫥的地位在唐朝正式得到認可，白居易後來的書房中已經有木質書櫃，他在《題文集櫃》中寫道：「破柏作書櫃，櫃牢柏複堅。收貯誰家集，題雲白樂天。」

古人的書櫥和書櫃還是有區別的，前者比較高大，後者比較矮小，櫃子可以當成桌子使用。講究的文人在書櫃的做工上極為嚴格，結構要精巧，最好為不同的書卷紙張設置不同的隔間。

用材要講究，好的木頭除了美觀，對紙張的保存也至關重要；要有雕花鏤空，雅致的同時注意空氣流通，同時也要防止蛀蟲對典籍的損壞。

所以綜合來看，書房的裝修可不是表面看起來那樣簡單，其中玄機也只有屋子的主人和設計師才知曉了。

假如你生活在唐朝

……

第五篇

敢問路在何方？路在腳下

第1章

沒有 GPS
怎麼規劃路線呢？

　　好男兒志在四方，像您這樣的有為青年，斷然不能滿足於朝九晚五每天蝸居在小房子裡的生活，盛唐富饒的國境內有多少地方是你所嚮往的。當然，做到唐三藏那個地步可能比較困難，走到印度那是切切實實的「行萬里路」，像鑒真和尚那樣可能也沒機會，因為那需要政府的支援。

　　去買匹馬，帶上足夠的盤纏，那時候車馬很慢，雲遊四海，用自己的腳步去丈量大唐的疆土，然後把自己的見聞整理成一本《某某遊記》，名留青史似乎也不是什麼難事呀。

　　盤纏的事情很好解決，除了隨身帶些瑣碎零錢，之前所提到的「飛錢」就很方便，換上全國通用的憑證，到處都可以取錢。

　　萬事俱備，該踏出家門了，剛走幾步遠，我要去哪？怎麼去？習慣了現在科技生活的人們可能已經對電子導航產品產生了極強的依賴感，要去哪怎麼去，訂上各種交通工具、入住酒店，即便是自駕旅遊也有語音全程指導。然而在唐朝，你充其量只有一匹馬，難道「對馬彈琴」嗎？主人，我不是白龍馬，真不能變成人和你對話。

　　先來一個大致的瞭解。這路呢有很多種，當然不是高速公路、水泥路、瀝青路這樣的分法，因為唐朝的路要麼是土路，要麼是石子的，要麼是沙子的。要不然怎麼會有「一騎絕塵」的說法，一匹快馬奔過，灰頭土臉說的就是邊上的路人，要是遇上下雨，在路上走一遭，就變成了真正的「泥腿子」。

　　扯多了，不能跟你說這些，不然把你出行的強烈興趣都澆滅了。回到正題，這唐朝長安到外地的道路呢，是這樣劃

分的。首先是劃成了兩大類：陸路和水路。然後才是詳細的分類。具體分為這幾種：御道（又分為馳道、夾道、御河），貢道、驛道。

御道，顧名思義就是御用道路，專供皇帝出行的道路，龍體尊貴，自然不能走鄉間的土路，起碼那八抬大轎都不夠放的。

陸路的御道又分為馳道和夾道。馳道是唐朝全國最高級的道路，不管是道路的規格還是修建的水準都是最高的。因為這馳道是專門給皇帝和他隨從們的車馬通行的道路。

皇帝出行，浩浩蕩蕩的騎行大隊，路的承受能力不夠，皇帝的轎馬一個不穩摔倒了，那負責道路修繕的地方官員腦袋就落地了。韓愈有一句詩，「天街小雨潤如酥」，其中的天街，就是長安承天門外的一條大道，這也是唐朝最有名的一條御道，最寬處 150 米，直通皇城內的朱雀門。

夾道又叫做複道，複道是建造在宮殿和宮殿直接的通道。據說選擇皇帝建造的興慶宮的複道最寬的地方有 20 幾米，可以直接通往城郊的曲江。這夾道建造在深宮裡，普通

人見都不可能見到，普通老百姓自然是無福一睹真容。

我們接著說水路中的御道 —— 御河。最有名的御河要數隋煬帝時期開鑿的大運河了，這也是當時規模最大的御道，河寬有 60 米左右。御河兩岸還有另外闢有專門的馳道，舟在水中行，岸邊還要有車馬護送，皇帝乘船出行的排場可見一斑。

貢道是地方向朝廷輸送進貢的物資的道路，有水路也有陸路。既然是進貢物資的道路，也就是統治者的「財路」，中央政府自然是極其重視的。中央政府要求貢道所經之處的地方政府必須維護好這條「財路」，在一些險要的地方，還要經常開鑿或者疏浚，以保持道路暢通。在一些地勢險要的地方，政府甚至耗費了巨大的人力物力開鑿出了長達七百里長的山路，勞苦百姓也因此受到剝削壓榨。

那作為普通百姓，出遊基本上就選擇普通的驛道，全國各地的交通骨幹就是以大小驛道為根本構成的。驛道以京都長安為中心，分散至全國各地。驛道也是水陸都有，每 30 里設一個驛，這驛同樣也是水陸都有。據記載，唐玄宗時期

的驛館有 1639 所，可以想見這驛道有多長。

　　從長安城出發，到四周地區的四至八道，地理文獻上都有詳細的資料：至東都 835 里，東南至商州 265 里，西南至洋州 630 里，東至華州 180 里，南取庫谷路至金州 680 里，正西微北至鳳翔 310 里，西北至分州 300 里，東北至坊州 350 里，正東微北至同州 250 里。驛道上坐落著的驛館可以作為旅途中歇腳和諮詢處所，迷路走失是完全不必擔心的。

　　當你夜以繼日地趕路，走出都城走出鄉鎮，將要進入人煙罕見的山川河谷地區的時候，可能就要「出關」了。這關口，就有些類似於今天的出入城收費站，只不過規模更大，管理要求更加嚴格，因為設關的目的是限隔內外，防止奸邪混入危害國家安全，同時也徵收關稅，稽查行旅。

　　設在不同地區、不同位置的關的重要性也是不同的。唐朝把京都四周及邊陲地區的關分為上中下三個等級。這其中上關有六個，分別是京兆府藍田關、華州潼關、同州蒲京關、岐州散關、隴州大震關、原州隴山關。此外還有十三個中關和七個下關。這二十六個關口被稱為「天下之關」。

　　長安，自然就是「關中」，從長安出潼關，那就叫「出關」，潼關自古就是軍事重地，地勢險要得很，地勢「西薄華山，南鄰商嶺，北距黃河，東接桃林」，要是發生戰亂，一旦潼關失守，京都長安就不保了。安史之亂中，潼關失守，唐玄宗只得被迫直接逃出城去。所以一旦出了關，那人身安全係數直接下降，建議買上幾份保險。

　　如果心血來潮，想要積極回應大唐的外交政策，去西域體驗一下異度風情，那也是個不錯的選擇，順便還能一睹玉門關與陽關的面貌，這兩處關口是不是耳熟能詳？「羌笛何須怨楊柳，春風不度玉門關」，「勸君更盡一杯酒，西出陽關無故人」已是千古名句。

　　玉門關也叫做「玉關」，在今天敦煌西北的一個名叫小方盤城的地方，是通往西域的北道門戶。陽關是通往西域的南道門戶，地處今天的安西雙塔堡附近，它們既是出使外域的必經之地，也是把守疆土的要塞重地。

　　如果你想去其他的地方，那也要經過各種關口。這關口可不是你說過就過的，你得有通關文牒。

　　通關文牒這四個字你一定不陌生，《西遊記》裡，唐僧每到一個國家，都會請求當地的國王政府在通關文牒上蓋章，自己是大唐來的使者，要去往西天取經，概念上就像是今天的護照國內版。

　　通關文牒又叫做「公牒」，在不同身分的人手上有不同的稱呼，你也需要瞭解一些，免得到時候鬧了笑話。這公牒在驛使手上叫「符券」，在軍防、丁夫的手裡叫「總曆」，在民間百姓手裡叫「過所」。明白了嗎？你在通關的時候守關士兵問你要「過所」，你可別愣著不知所措。

　　在交通不便的時代，要想辦好一個「過所」可不是一件容易的事，你還別嫌麻煩，如果你出來的時候沒有辦理「過所」，又私自出關被抓住了，那是要坐牢的，而且一蹲就是一年半載，如果你和遠方的友人約好，結果一年多杳無音信，人家鐵定以為你旅途中出意外了。那麼，這「過所」要怎麼辦呢？

　　你需要跟衙門接觸。把自己的姓名、年齡、狀貌、出行理由、目的地、途中的路線、往返時間、隨行人員、物品、

牲畜等詳細資訊寫在申請書上遞交到你所在的縣、州的衙門，並且還要找個擔保人給你實名擔保。

縣裡的衙門收到你的申請之後呢，需要仔細核實審查，確認無誤之後，需要由縣令和尉簽字。並且送到上級單位，也就是州和府申請。

州、府的長官收到縣裡交上來的申請，要再次審核一遍，審核通過了，就有具體掌管這一事務的府史擬定過所，一式兩份。再由戶曹參軍主判、錄事參軍勾檢、蓋印，然後一份交給你本人，另一份留著存檔備案。

你收到過所之後，這一系列程式才算是圓滿完成。所以出遠門之前，要提前很久辦理手續，好在那時候的生活節奏很慢，不會因為延遲一、兩天就錯過什麼。

再悠閒一點，可以選擇走水路，沒有汽艇沒有輪船，全靠人力、風力慢慢飄蕩，其中也似乎也飽含了寄情山水的雅致呢。有水的地方就有橋，橋這種建築，融匯了美感和物理學原理的集大成製作，算得上是古代建築師的智慧結晶。

唐朝的橋大致分為三大類：木梁、石梁、舟梁。顧名思

……

義，木梁就是木頭造的橋，石梁就是石頭造的橋，這個舟梁
嘛，就是用船連在一起搭成橋，不過搭建和拆卸起來非常迅
速，在運載量不是特別大的時候，運送效率特別高。

這三類橋，光說你可能還不是很明白，讓我來舉幾個例
子給你看看。首先，舉個木梁的例子，位於長安北方的中渭
橋。中渭橋期初的名字叫作渭橋，始建於秦。西漢時，又多
了個名字叫作橫橋。這個名稱的來歷是中渭橋地處長安城橫
門外。中渭橋的橋柱是排架式，四根木柱為一排；排柱上有
兩跳斗拱承托木梁、橋板、橋欄。橋頂隨券頂略呈八字形。
橋頭有華表、神妖。

這個橋的命運多舛，唐朝之前曾遭兩次焚毀兩次修建。
唐朝時期也經歷了兩次重修，稍微調整了橋的位置。橋修成
後，南逾秦嶺通商雒（洛）；北抵鄜州、鹽州。

當時的進士喬潭為這座橋寫有《中渭橋記》碑文，根據
碑文記載，橋是利用農閒時間修建的，參與者眾多，有鐵工、
水工、木工等。碑文中沒有提到石工，應該是因為這是木梁
橋，不需要石工吧。

　　石梁橋的代表呢，是長安東邊灞水上的灞橋。灞橋始建於漢代，用四段圓形石柱卯榫相接從而形成了一根石柱，由六根石柱組成一座輕型橋墩，墩臺上加木梁並鋪設灰土石板橋面，這是石柱墩的首創。

　　唐朝時期，灞橋上設立了驛站，很多離人與他們的親友在這裡送別，有時還折下岸邊的楊柳相贈，這濃濃的離愁別緒也催生了灞橋的新名字——「斷腸橋」，悲傷的氣氛應運而生。

第2章

沒有駕照也可以在唐朝的大道上馳騁

等了數日，文牒終於發下，盤纏行裝也已經打點完畢，這就是啟程的時刻了！等等，你是不是忘了些什麼。你不會想就這樣徒步旅行吧，真當自己是苦行僧嗎？且不說你身體吃不吃的消，鞋子估計就得備上個十來雙的。

那有什麼交通工具可以選擇呢，轎子？轎子基本上只適用於有錢人的短途出行，串個門子上個班之類的，真要走遠門那還得看畜力車，也就是牛馬驢之類。

車和騎，在古代也是有尊卑之分的。通常認為騎要高級

一點，是身分尊貴者的出行工具。在先秦到秦漢的這段時期，大官入朝或者參加重大的活動如果沒有乘車，還會被視為失誤，會受到懲罰。

漢宣帝時期的列侯韋元成侍祠宗廟，剛好下雨，路上十分泥濘，於是他沒有駕車，而是騎著馬前去。就是這麼一件現在看起來沒什麼大不了的事情，卻讓他因此遭到彈劾，丟了官職。唐朝時期這種以駕車為尊、以乘騎為卑的觀念淡化了許多，百官入朝多選擇騎馬而不是乘車了，就連宮裡面的女官，出行的時候也經常騎馬。

這唐朝的馬，也不是你想騎就能騎的，是有身分和等級的限制。一般來說，王公貴族和百官才可以大搖大擺地騎馬，民間士階層中的富豪們也可以騎馬，貧寒之士只能騎驢。

今天我們從影視劇中看到的馬似乎是很普遍的一種交通工具，什麼俠客蒙著面騎著馬，身背寶劍在道路上飛馳，這顯然是戲劇化的效果，真要是那種行俠仗義的俠客，多半是窮得叮噹響，可能真養不起一匹好馬。

因為馬在古代也算是軍用物資，而且養馬可是很燒錢

的，就跟今天的豪車保養一樣。你別看這馬好像不過是個牲畜，但其實花在牠身上的開銷是很大的。馬匹的價格、飼料的價格都挺貴的，一般人家根本無力承擔。所以有些清廉的官員只能騎一些不是很好的馬，稱之為「劣馬」，或者還有連劣馬都買不起的小官，只能騎驢或者步行了。

騎驢一般是普通百姓小販的選擇，只有一些混的很差的小官不得不騎驢，當然也有例外，有些人，明明有條件騎馬，偏要搞頭小毛驢騎著，以此來顯示自己的清高、不流俗。比如唐朝詩人，被稱為「詩鬼」的李賀，就喜歡騎著驢，後面跟個小童，也是相當有個性的。

家中務農的人家，一些山野村夫，家中有一頭老黃牛，那麼騎牛也是很常見的出行方式，老牛平時下地耕耘，忙時馱人運貨，真是奉獻了全部。有些唐朝的文人也喜歡騎牛出行，或許也是喜歡牛背上那種踏實安穩休閒自在的感覺吧。

上面說的全是陸路的交通工具，下面來講講水路上的交通工具 —— 船。

古代渡河，如果沒有橋的話，又因為種種原因無法泅

渡，又不想繞路，那就只能坐船了。上船的地方叫做「津」，也就是我們通常所說的渡口。想要坐船呢，你得在渡口交錢，船家才會把你渡過去。因為這生意的壟斷性比較強，所以一般價格都很高。你要是錢不夠，根本渡不了河。

講個例子給你聽吧，元和十一年有個進士叫做周匡物，是個福建人。他家境貧寒，為了去長安參加科舉考試，徒步走了幾千里。途經錢塘江，需要過江。船家因為他沒有錢，不准他上船。周匡物十分悲哀，在公館裡提筆寫下這樣一首詩《應舉題錢塘公館》：「萬里茫茫天塹遙。秦皇底事不安橋。錢塘江口無錢過，又阻西陵兩信潮。」錢塘的地方官員看見這首詩，責罰了負責渡口的官吏，並且讓周匡物免費渡江。周匡物順利到達長安，一舉考中了進士。

這件事情之後，周匡物的這首《應舉題錢塘公館》也火紅了好一陣子，很多船夫都會背誦。還因此形成了一個傳統，那就是船家免費送應考的讀書人過河。在今天也常有好心的市民會免費驅車送考生去考場，或許這就是歷代流傳下來的，對年輕文人的愛護吧。

第3章

一年住 300 天驛館，
不如辦張年卡吧？

「這位客官，您是打尖還是住店？」這句話即使是我們沒經歷過那個年代的人似乎也倍感親切。然而臨時落腳的地方也有很多分類，剛才的那種問候多半出現在客棧旅館，是平民百姓的主要選擇，假如你是個郵差，或者是大小是個官員，或者是個有身分的士人，那你出門在外的時候就可以在驛館棲息。驛館和普通旅店客棧的差別還是很大的，驛館的數量非常多，可以說遍佈全國，一般 30 里就有一個驛。

史料記載：「自華而北界於櫟陽，其驛六，其蔽曰同州，

其關曰蒲津；自灞而南至於藍田，其驛六，其蔽曰商州，其關曰武關；自長安至於好螯屋，其驛十有一，其蔽曰洋州，其關曰華陽；自武功而西至於好田寺，其驛三，其蔽曰鳳翔府，其關曰隴關；自渭而北至於華原，其驛九，其蔽曰坊州；自咸陽而西至於奉天，其驛六，其蔽曰邠州。由四海之內，總而合之，以至於關；自關之內，束而會之，以至於王都。」這段話就隨便舉了一條路線上的驛館分佈，它們相互之間的聯繫都非常規範嚴格。

驛館一般有幾個特點，一是官辦、官管、官用，是歷代政府機構的組成部分；二是以「傳命」為主旨，融通信、交通、館舍三位於一體；三是以人力或人力與物力相結合的方式，接力傳遞，逐程更替。因為是官辦，所以進了驛館就不能像普通旅館一樣隨意。這驛館呢也分為前後院落，前院的主要建築為堂，堂前為前院入口，左右為兩廂。前院是辦理接待、通信、運輸等事務的場所，也就是辦理公務的地方。後院是賓客下榻之處，所以整體來說，驛館更像是便於政府連接各地要務的聯絡網站，而住宿只是順便提供的功能。

……

假如你生活在唐朝

驛館中自己的工作人員的房間也在驛館中，通常一座規模尚可的驛館裡呢，有幾十個到幾百個工作人員，這些人通常被叫做「驛丁」、「驛子」、「驛夫」等等。他們有集中居住的地方。居住的院落一般在大門附近，可以方便隨時出差。這大門旁邊除了驛夫們居住的地方，還有馬廄。把馬廄設置在大門旁邊的目的也是為了方便馬匹進出。

驛館裡的馬叫做「驛馬」，這些馬可是有事業編制的，精貴著呢，就像現在的警犬、導盲犬之類，算得上是最早的擁有國家編制的動物勞動力了。牠們吃的草料都是由國家統一供應的，也就是說，吃的是公糧。

那麼，這驛馬有什麼特徵呢？要是在路上丟了該怎麼找呢？不用擔心這個問題，驛馬是很好識別的，因為它們的左前大腿上印著驛館的名字，脖子上還印著所屬的州的名字，一目了然。說點不好聽的，在大興土木剝削人民的年代，在官府眼裡，很多人的命都還沒有這樣的馬值錢。

廚房一般被安排在後院的旁邊，和糧食庫靠著。之所以安排在後院附近呢，是因為離賓客近，上菜上飯的比較方便。

你待在房間裡就能聞到飯菜的香味。此外，還有酒庫、茶庫等等，甚至還有鹹菜庫！

有些靠近皇城的驛館裝修則更為講究，會在後院的後面修建一個遊苑，裡面有植被，有水池，風景優美，是專門供賓客遊玩觀賞的地方。你可以在這遊苑裡餵餵魚，賞賞花，解除一路的勞累，政府還是很體恤這些為了公務四處奔波的官員的。不過驛館也算是人員雜亂，天南地北的人都會在這裡相遇，有時候嘛，也會有些問題出現。你可能要問了，住個店能有什麼問題啊？難不成還要因為爭奪房間打起來不成？你還別說，什麼時代都不缺暴躁老哥和頑固之人，我們熟知的大詩人元稹就經歷過這樣的一件事。

某次元稹從東都洛陽去西京長安，途中歇腳在敷水驛的高間裡，這高間就相當於驛館裡的總統套房了。元稹能住進去，想來面子還挺大呢。可是咱們的元大詩人已經躺下睡覺了，卻突然進來了一個人。這架勢誰見過啊，這可是在官方住所，賊也能進來？元稹趕忙坐起身來定睛一看，來人竟也是一個下榻在這個驛館的行客，還是個宦官，也就是我們所

......

說的太監。這個太監闖入元稹的房裡要幹嘛？原來他是看上了元稹的這間房，這太監品級跟元稹差不多，架子倒不小，非要把元稹趕走，自己住這個總統套房。

這事總要講個先來後到吧，不說官階相仿，就算是哪個位居高位的大官，也該禮貌地預先通知吧。但這太監理直氣壯，氣焰囂張，一看就是平時那種囂張跋扈慣了的。不過這元稹也不是好欺負的人，說不定還有起床氣，兩人僵持不下誰也不願意退讓。結果到最後，還是落得了個武力解決的下場。元稹堂堂文人一個，這種動粗的事情哪是對手啊，直接被宦官帶來的隨身侍從鞭打了個落花流水。元稹也是有苦說不出，畢竟人在異鄉無依無靠，只得咬碎了牙往肚子裡吞，盤算著等回長安向皇帝稟報這事以求公道。

要說這元稹也是讀書讀的太多，這人情世故的確不甚擅長，這太監如此囂張必然有他的後臺，被打這件事本來就已經很丟臉了，元稹還拿去上奏皇帝，頗有幾分今天「我要告訴老師」的味道。皇帝也是有些無語，又或許這太監真的和皇帝的關係搞得不錯，元稹直接被貶職了，真是啞巴吃黃連

有苦說不出。後來才知道，這太監就是唐朝大奸臣仇士良。

　　當然，這種官階之間的潛規則跟尋常百姓是沒有什麼關聯的，這驛館也是平民有資格住的。不過一路上多得是普通旅店，官辦民辦都有，甚至還有寺院經營的。

　　官辦的旅館呢，雖然入住要求比驛館要低多了，但也不是普通庶民可以住進去的，大小你得是個官，才可以入住。進京趕考的舉子也是可以住的，畢竟誰也不知道這間房住的是不是就是下一屆的科舉狀元呢。

　　私營的旅店對於居住者的身分就沒什麼限制了，給錢就能住。由於受到坊市制度的影響，私營旅店的經營者不能臨街開店，大多把店開在各個坊或市里。旅店除了開在城市裡，也開設在大路兩旁。這種開在大路旁邊的旅館，通常在驛館附近。這樣的地理選擇是有一定道理的，比如一行人中可能會有身分、等級的不同，官員住驛館，家屬或者隨從就可以住在旁邊的旅館裡，算是一條龍服務。

　　這種商業性的私營旅店為了賺錢，還提供一些額外的服務……別想歪了，主要是衣食行方面的便利。很多旅館裡是

提供飯菜的，旅客可以不用出門就吃到飯。有的旅館還提供交通工具，通常來說是驢，供客人付費使用，共用小驢。甚至有的旅店的房間裡還有各種賭具，旅客可以在房間裡賭博消遣，來自天南海北的旅客湊一桌組個局，點上兩盞好酒，真是有種「相逢何必曾相識」的快意呢。大詩人杜甫就曾在《今夕行》裡這樣寫道：「今夕何夕歲雲徂，更長燭明不可孤。咸陽客舍一事無，相與博賽為歡娛。」就記載了一次愉快的旅店小賭。當然，在那時候這並不是犯法的事。

　　還有更高級的旅店，俗稱溫泉旅館，在今天這樣的地方也並不常見，高昂的消費必然換來的是高級的服務。但如果你囊中羞澀，也不用擔心要睡大街和丐幫為伍。趁著天還沒黑去找個寺院吧。寺院的旅舍也分兩種，一種是盈利性質的，還有一種是慈善性質的，可以免費留宿客人。唐朝時期的寺院是非常多的，這也跟統治者尊崇佛教有莫大的關係。你要是住在了寺院裡，可以為這寺院題詩題文，畢竟寺院還是人流量非常大的地方，哪一天你飛黃騰達了，那這寺院就是「某某大人題詩的寺院」，也算是對當初收留你的報答了。

第六篇

茶與酒，誰才是唐朝飲品界的 Top

第1章

借酒消愁，
借哪瓶酒呢？

回想你的兒時，第一次接觸到唐朝這個概念是什麼？沒錯，就是那本剝奪了你許多玩耍時光的《唐詩三百首》，然而我們先不討論唐詩，我們來說一說唐朝詩人們愛喝的酒。

什麼？這兩者有什麼關係？

唐朝的大詩人寫詩不一定是因為喝酒，但是喝了酒多半會吟詩作對，不嘗嘗唐朝的酒那真是錯過這盛世最濃郁的一味了。「借問酒家何處有，牧童遙指杏花村。」不過唐朝詩人杜牧詩句中的杏花村酒當時還沒有冠名，那只是酒肆的代

稱。

　　長安的東西兩市是酒家聚集地,你遠遠看見很多高高掛起的青旗,那就是酒肆的標識了,挑一家進去看看吧。什麼高粱、紅酒、威士忌、各種啤酒之類的,那裡通通沒有,品牌意識那時候還沒有初步形成。但是店家博士一定會熱情向你推薦各種類型的酒,因為不論大小酒肆永遠都不會失去熱情的酒客(酒鬼),青門酒肆,那可是長安城裡最繁華、生意最火爆的酒肆,請客吃飯、親友踐行、生日做壽等等,這裡無疑是最好的選擇。

　　唐朝的酒分為三大類:黃酒、果酒、洋酒,其中黃酒又分為清酒和濁酒兩類。清酒清澄,價格高,「金樽清酒斗十千,玉盤珍羞直萬錢」中的清酒就是如此,詩中描繪的也是李白得意之時;「濁酒一杯家萬里,燕然未勒歸無計」中的濁酒製作工藝要粗糙一些,因為有發酵物的沉澱所以會顯得有些渾濁,而這句詩也是描繪的邊境關隘的淒涼場景,非常應景。

　　果酒就是用水果釀成的酒,最常見的是葡萄酒。唐太宗

在葡萄酒製作工藝的精進上也做出了不小的貢獻。

除了葡萄酒以外，其他的外國酒也十分流行，例如波斯進口的三勒漿、龍膏酒，煎澄明酒、無憂酒等。酒文化是世界文化，外交貿易十分發達的大唐斷然不能放過其他國家的美酒了。

除了以上的分類，唐朝的酒還可以按照顏色來分類。紅、黃、綠、白、碧、青、紫，是不是有種今天的特調雞尾酒的既視感？各種浮誇華麗的顏色，簡直觸動那些文人騷客的神經，像是只存在於文學幻想中的瓊漿玉液，唐朝人嗜酒不是沒有理由的。

說到瓊漿玉露，這也是唐朝酒水的分類標準中的一種，那就是根據酒的名字來分。酒名跟人名一樣，名字中有一些比較常見的字，比如「春」、「露」、「漿」等等。唐朝以「春」命名的酒最多了，著名的有「金陵春」、「竹葉春」、「梨花春」、「洞庭春」、「玉露春」等，今天的「劍南春」也是延續了這種傳統。

以「露」和「漿」命名的也很多：「瓊花露」、「薔薇

露」、「三勒漿」、「凝露漿」等等。所以文人們喝酒吟詩的時候，光是這些風雅的名字就足以勾起詩性，那些才華橫溢的人們把酒當歌的畫面，豪情和格調彷彿要溢出來，盛世的縮影分毫畢現。

　　唐朝的酒種類繁多，酒器的名堂也不少。普通百姓由於生活水準不高，沒有心思也沒有能力在酒器上玩花樣，大部分是用最普通的杯子和碗喝酒。但這君王貴族就不一樣了，推杯換盞觥籌交錯，沒有華麗昂貴的酒器根本配不上那上等好酒，喝的不是酒，是品質，是格調。「葡萄美酒夜光杯」——夜光杯，「玉碗盛來琥珀光」——玉碗，要的就是奢華。金銀、琥珀、瑪瑙、象牙、琉璃等等名貴的材料通通都可以拿來做酒器。宴請賓客的時候，雙手接過酒盞都得小心謹慎畢恭畢敬，萬一摔壞了那可是不菲的損失。你也別喝多了鬼迷心竅，看上哪件小杯子好看就直接給拿回家了，當心被主人捉住打一頓再扭送官府。當然關係好的土豪朋友就另當別論了，節度使裴均就是這樣一位大方的主人，他曾經在酒席散場前把二百兩重的銀製酒器分送給赴宴的客人，豪擲千金

就是這種架勢。

　　唐朝的酒具，以整個唐朝的中葉為分界點，前期是用大酒樽裝著酒，喝酒的人各自拿著杓從裡面舀出來喝，形象似乎並不是很好，喝酒更多時候並無法和享受一詞掛上等號，頗有點像我們今天吃火鍋的樣子。唐中葉之後，酒壺躍上了酒桌，喝酒的含義也逐漸豐富了起來，酒桌文化開始大興，儀式感逐漸成為了喝酒的重要追求點。

　　關於盛酒容器還有這麼個故事，酒壺一開始的名字叫「注子」，它的形狀像一個湯瓶，瓶身有柄，方便拿起。還有一個嘴，可以將酒注入杯中。這個有手柄的「注子」是怎麼進化成後來的酒壺呢？話說文宗大和年間，宮中發生了一起「甘露事變」，這個事變喧鬧了一陣之後，失敗了。太監們嫌惡這個事變的主謀「鄭注」，每次喝酒時都要見到「注子」，遂遷怒於與其同名的「注子」。於是他們對注子的形象就行了改造，把柄去掉，用繩子繫在瓶梁上，還給它改了個「偏提」的名字。但是人們普遍喜歡稱它為「酒鱉子」，這就是真正意義上的酒壺了。

第 2 章

聽說唐朝酒吧有酒姬行酒令呢！

　　愛喝酒可不是唐朝文人的專屬愛好，更是受到有錢的高官家公子哥的青睞，唐朝的各種酒肆常年會充斥著年輕人的呼號聲，這點和今天的娛樂場所的年輕人如出一轍。

　　酒肆吸引人的地方到底有什麼？除了上等好酒，奢華的環境和用具，酒妓也是一個重要的引流項目。酒妓在唐朝等同於歌妓，是以賣酒賣笑賣藝為生的女子。她們從小學習歌舞彈唱以及待客之道，是酒肆酒樓用來招攬顧客的重要手段。

　　這些酒妓可不是什麼普通的侍女，她們個個嬌豔嫵媚，只不過身材都不大骨感。

　　這些姑娘中居然還有外國人？這唐朝人也太矯情了吧，需要看著酒妓唱歌跳舞才能喝下去酒也就罷了，居然還要外國美女來助興。還是得益於唐朝的開放政策，來自西域的胡人們，要麼為了生計自行來到長安，要麼被人拐賣到這兒，要麼因為愛情私奔到這裡，要麼祖上遷移定居在長安於是世代留在這裡……總之，當時的長安城裡有很多胡人男女。

　　這些胡人女性很多都做了酒妓，被稱作「胡姬」。咱們風流倜儻的大詩人李白似乎在這方面閱歷頗豐，「落花踏盡遊何處，笑入胡姬酒肆中」、「胡姬貌如花，當壚笑春風」、「胡姬招素手，醉客延金樽」，「雙歌二胡姬，更奏遠清朝」這些詩句都是李白對胡姬的印象，也許李白常年混跡於酒肆之中，和酒妓們飲酒尋歡，才能寫出了那麼多膾炙人口的詩句吧。

　　當然，這尋歡不是真的說就是沉迷美色什麼事也不幹就只喝酒，這胡姬也不僅僅是生得一副好皮囊。重頭戲乃是唐

朝酒桌上最大的樂趣——酒令，雅俗共賞的行酒令作為一項酒桌上的遊戲，在中國歷史上留上濃墨重彩的一筆。

這究竟是怎麼樣的一種遊戲呢？

首先，要進行人員設置，具體呢有這兩種角色設置：明府和錄事（律錄事和觥錄事）。明府需要由酒席上最德高望重的人擔任，說明行令規則，並對整個酒令活動起著監督的作用；律錄事又叫「酒糾」、「席糾」，他的職責是向大家解釋酒令規則，以及罰酒、敬酒的具體事宜，比如判斷某人是不是應該罰酒，還有阻止人賴皮等等，是酒令的執行者。

「律錄事」可不是誰都能當的，要擔當律錄事需要滿足三個條件：第一要善令，也就是要熟悉酒令，能夠巧宣；第二要「知音」，能唱會跳；第三要「大戶」，就是能喝酒。在有些隆重的宴會上呢，還會另外設一名觥錄事（即主罰錄事），來專門負責在席間跑來跑去給輸的人灌酒。

酒令的玩法也有很多種，由美麗的酒妓，律錄事來發佈規則。比如這一次我們要玩「拋打令」。拋打令呢，得分開來解釋，拋是拋花球（也可以是花枝等可以用來傳遞的物

件），打是跳舞。

這麼一說你就明白了吧，這個拋打令啊不是把人拋起來打一頓，而是類似於擊鼓傳花的一種遊戲。誰接到了花球或者其他的物件，就得起來為大家跳舞。不過有時候也用唱歌來代替舞蹈，唱歌的叫做歌令，跳舞的就叫做舞令。

行歌令大多是酒妓來唱，人家是專業的，文人們寫詞可以，歌喉還是稍遜一籌，避免一開口就把氣氛都給破壞了。當然興致來了也有主人和客人深情對唱的情形，那時候還不會有情歌對唱這麼張揚的節目，人家唐朝也是有自己的流行歌曲的，比如詩人們的名句。

有這樣一個典故：唐玄宗開元年間，詩人王昌齡、高適、王之渙三人齊名。有一次他們一起到酒樓喝酒。忽然有樂官十幾個人，漂亮的歌女四人，上樓聯歡，歌舞、奏樂。

王昌齡對二人說：「我們這些人都享有詩名，到底誰好誰差，我們無法定高下，今天就看各歌女所唱的詩，被譜作歌詞多的就算優勝。」第一個歌女唱了「寒雨連江夜入吳」，王昌齡伸手在壁上畫一道，說：「一首絕句」。

不久又一歌女唱「開篋淚沾臆」，高適伸手在壁上畫一道說：「一首絕句。」又一歌女唱「奉帚平明金殿開」，王昌齡又伸手畫一道說：「兩首絕句。」

王之渙對王昌齡、高適說：「這幾個都是失意的樂官罷了。」接著指所有歌女中最漂亮的一個說：「這個人所唱的如果不是我的詩，我就永遠不敢和你們爭高下了。」於是邊說笑邊等著。

過一會兒，那女子開始唱了，唱的是「黃河遠上白雲間」，王之渙立即得意地對兩人說：「鄉下人，我沒有胡說吧！」這就是旗亭畫壁的典故。

舞令就豪放得多了，也是聚會中後期把氣氛推向高潮的重要環節。舞令的動作有招、搖、送等，招是招引賓客一同跳舞的動作；搖是搖晃你的腦袋、手或者肩膀等部位來表示推辭不飲。

當然，興致來了哪有那麼多規矩，只要不怕出醜怎麼搖都無所謂，不過這個「送」，可不能太過隨意，這是用優美的舞姿把酒送到客人面前請客人暢飲，如果動作太過不雅給

159

別人留下了不好的印象，就會被視為不尊重對方，以後別人肯定就不會再接受和你一起的酒局了。

剛才都算是「動」，現在大家玩累了，就可以選擇「靜」一些的酒令，比如律令。

這律令是什麼呀？不會要作詩吧？沒錯，這律令就是跟作詩有關的。考驗知識儲備和創作能力的時候到來了，別在眾人面前暴露了自己肚子裡沒點墨水的真相啊。

律令也分文字令和口語令。文字令是文藝青年和文藝老年甚至文藝少年們喜歡的酒令，為啥呢？因為能顯擺才華啊！文字令是用詩文行令，出令者說一句詩文，對答者所對的文辭要與之對偶，押韻，文意也要相吻合。

比如律錄事美女說了一句「關關雌雞，在河之洲，窈窕淑女，君子好逑」，哪位公子對了句「南有謬木，不可體息，漢有遊女，不可求思」，這就算對上了。不過這位公子這麼一對，大家就要起哄了。

為什麼呢？因為這二位對的是文字令中的「斷章取義令」。這斷章取義令呢，就是說對令的人不需要去考慮全詩

　　的整體內容，只需要取其中的某一句或是某一點來表達自己的意思就行了。而剛剛酒姬與公子對的令呢，正好是妾有情，郎亦有意的意思，怪不得大家要扯著脖子起哄了。

　　除了這斷章取義令，常見的文字令還有成語相對令、征名令、數字成語令、逐月報花令等。

　　除此之外呢，律令中還有一種口語令，相比文字令來說簡單多了，它不需要咬文嚼字，受到廣大普通青年、老年、少年的喜愛。例如口語令中有一種拆字令。據說隋煬帝有一次在後宮與美女們飲酒作樂，就行了這種拆字令。隋煬帝指著一位姓杏的愛姬說：「杏子為十八日。」這位姓杏的美人便答道：「羅字為四維。」這樣就算是成功對上了。

　　如果席間有人出這種拆字令，你應該不難應付了吧！其實，口語令中還有更簡單的。比如讓在座的人都講出自己的小名。哈哈，這個可太簡單了吧！完全不用技術可言啊！

　　唐太宗有次和大臣們宴飲，就行起了這種酒令。輪到大將軍李君羨時，他回答說自己的小名叫做「五娘子」，在場的人都被逗樂了，唐太宗還調侃說「何物女子，如此勇猛」，

酒席的氣氛被推向了高潮，真正做到了雅俗共賞。

　　還有一種骰盤令，這骰盤令就是投骰子決定誰喝酒，造型跟今天賭場上擲點數的轉盤差不多。骰子、盤子一端上來，酒桌一秒變賭場。這時候大家都只要扯著脖子喊就行了，這玩意沒什麼技巧，也不需要有文化，全憑運氣，但是刺激程度可一點也不差。

　　相傳杜牧曾在一次酒席上對一位美麗的酒姬一見鍾情，於是索要骰子來行骰盤令，這樣就能看到酒姬被袖子遮掩住的纖纖玉手了。可是這位美女酒姬在投擲骰子的時候縮著手，杜牧還是沒能瞧見她的手。於是十分遺憾地吟詩道：「骰子逡巡裏手拈，無因得見玉纖纖。」與杜牧一同飲酒的一人回應道：「但知報導金釵落，彷彿還應露指尖。」這話的意思是讓杜牧把酒姬頭上的金釵拂掉在地，這樣酒姬伸手去撿，就一定會把手從袖子裡拿出來了。

　　杜牧依言而行，果然如願見到了纖纖玉手。這文人之間連占美女便宜都搞得如此風雅含蓄，真不知道該說是雅還是俗了。

聚會的最後，美麗的酒姬端來了酒鬍子放在桌上。你使勁瞧了瞧，這不是個長得像胡人的不倒翁嘛！這酒鬍子相貌有趣，引人發笑，可以放在桌上旋轉，停下時所指的人就得依據酒令被罰酒，以此增添酒桌上的樂趣。

這可能並不能激起你的興趣，只是這小玩意其實也蘊含了一些有趣的深意。唐代詩人徐夤有詩云：「紅筵絲竹合，用爾作歡娛。直指寧偏黨，無私絕覬覦。當歌誰攬袖，應節漸輕軀。恰與真相似，氈裘滿頷須。」描繪了酒鬍子在酒席上指認時無私正直的形象。

行酒令作為一種酒桌上的文化，早已超過了遊戲的範疇，濃縮了中華民族的禮儀與文化，是傳統習俗中的一顆璀璨瑰寶。

第3章

沒有保溫杯
也不能放棄養生啊

　　並不是所有人都愛喝酒的，畢竟酒喝多了誤事從古到今都有數不清的例子。所以飯桌上「以茶代酒」這個說法，算是普遍獲得認同感的回絕喝酒的方式了。然而這個說法，不是現在才有的。你在唐朝的酒桌上，也能聽見這句話，只不過那時的茶還不叫茶。陸羽的《茶經》裡第一次廣泛使用「茶」字，同時也記載了五種茶的稱呼：「其名，一曰茶，二曰檟，三曰蔎，四曰茗，五曰荈」。

　　唐朝前期，茶還是南方人的飲料，到了開元、天寶年

間，才開始風靡全國。所以當你走在天寶年間的街道上，那喝茶的茶館、賣茶的茶鋪才能隨處可見，伸頭進去看看，喲，喝茶的人還真不少。要不，你也進去喝一壺？

　　熱情的茶博士給你端來了一壺茶。你學著旁邊人的樣子，端起茶杯啜飲起來。啊噗！你的嘴變成了噴泉口，這第一口還沒來得及下肚就被你噴了一桌。旁邊的唐朝人都好奇地看著你，你一邊咔咔了幾聲，一邊跟中毒似的伸著舌頭翻著白眼，茶博士大驚失色叫來了掌櫃，「怎麼了，怎麼了？」

　　倒真不是你故意展示浮誇的演技，而是人家給你上的茶是煎茶，是要放鹽的，熱鹹水的味道，沒嘗過的人哪能消受的了啊。可和今天的生煎包不同，唐朝的煎茶是要用「蔥、薑、棗、橘皮、茱萸、薄荷之等，煮之百沸」之後才能飲用，蔥薑的味道……是不是和茶相距十萬八千里的感覺？

　　唐朝的茶葉最先是由寺院大規模種植的，這時候的茶才更接近我們今天所接觸到的茶葉泡的茶，泡茶的工序沒有那麼複雜，茶的味道也不會再那樣刺激。禪宗寺廟有很多都建在深山樹林裡，佔據了地利，便於大規模生產種植茶葉。寺

廟冠名出品的茶葉有武夷茶、南海普陀茶、南嶽雲霧茶、徑山禪寺茶等等，都是高端茶的代表。

那和尚為什麼愛茶呢？大概是因為茶性情雅致簡樸，苦中帶甘，清淡潔淨，這樣淡泊寧靜的特性符合了佛教的特徵吧。並且茶香凝神靜氣，對修煉打坐也能起到一定的輔助提神作用。茶葉大規模在民間種植是在中晚唐，此時的茶已經成了全國最流行的飲料了。由此也出現了很多專門種植茶葉的茶農和販賣茶葉的茶商。

白居易《琵琶行》裡那位身世坎坷的女子說她的丈夫「商人重利輕別離，前月浮梁買茶去」，可見她的丈夫就是一位倒賣茶葉的茶商。女子被丟在家竟然只是因為丈夫沉迷茶葉生意？這要是放在今天當成新聞播出去，那要引起多大的社會輿論啊。

茶樹適宜生長是潮濕陰暗的地方，比如山崖下、崇山峻嶺裡。當時的名茶大都是深山裡產的。比如浙西的湖州、劍南的蒙頂石花、東川的神泉、洪州的西山白露、江陵的南木等等，都是當時很受歡迎的明星茶。當茶文化徹底普及開來，

那階級的分化就自然而然地產生了。這最高的規格，當屬皇帝享用的「貢茶」了。這貢茶可是十分講究，不僅要求品質上乘、製作精美，而且要求茶葉成熟後第一時間採摘下來送到宮裡，要的就是一個「新」。「陵煙觸露不停采，管家赤印連貼催」說的就是官碟連催，茶農被催著加工採茶的情景。

皇帝一個人是喝不完那麼多貢茶的，不僅皇帝喝不完，整個宮廷都喝不完。於是皇帝經常把貢茶賞賜給大臣，而大臣們呢，也將茶葉作為禮品互相贈送，以示格調。

不僅是中原地區的人民群眾喜歡喝茶，北方遊牧民族也十分喜歡。因為茶有幫助消化解除油膩的作用，對他們常吃肉食的腸胃有好處。他們用茶和馬奶混合起來做成了奶茶，不留神間就為後世繁榮的奶茶業奠定了基礎。

唐朝人這麼喜歡飲茶剛開始主要還是因為其保健功效，畢竟放著生薑、蔥、鹽的茶水，味道能好到哪去？但是它的保健功能實在太強大了，十分注重養生的唐朝人因此把它當作日常飲用、招待親友必備的東西。茶葉普及了之後，它的保健功能略有下降，但是口味、口感都得到了質的飛躍。

　　茶的功效到底有多神奇呢？詩人盧仝的《走筆謝孟諫議寄新茶》中有這樣的句子：「一碗喉吻潤，二碗破孤悶，三碗搜枯腸，惟有文字五千卷。四碗發輕汗，平生不平事，盡向毛孔散。五碗肌骨清，六碗通仙靈，七碗吃不也，唯覺兩腋習習清風生。」，估計再喝個八碗九碗，就要羽化登仙長生不老了。你確定這寫的是茶？分明是那瑤池宴會上的神仙喝的瓊漿玉液啊！盧仝確實是寫得比較誇張，但是茶本身的功效也確實不少也不小，比如說解除油膩（北方遊牧人民最鍾愛這點）、提神醒腦（寺院念經打坐的小和尚和寒窗苦讀的學子必備）、解疲解渴（這麼難喝，疲勞的時候喝一口立刻被刺激得有精神了）這是解疲；畢竟是液體，嗯，解渴、去除煩惱（請看這句詩「茶為滌煩子，酒為忘憂君」）等許多功效。這樣的好東西風靡全國也是很正常的，要是改善一下口味就更好了。到了宋朝，還真就改善了口味，雖然不知道到底好不好喝，但至少不再往茶裡放鹽了。你要是想試試看，可以抽個空穿越去宋朝嘗嘗看。要是好喝啊，別忘了帶幾斤回來給親朋好友嘗嘗。

第4章

喝茶五分鐘，備茶兩小時

　　茶文化發展到今天，從神農時代開始，已經四千多年歷史，中國是茶文化起源地，唐朝作為茶業昌盛的朝代，「人家不可一日無茶」的說法給其添磚加瓦。

　　茶道則作為一種學問，一種規則，在歷史的道路上，為茶文化的傳承鋪平道路。唐朝所說的茶道呢，就是煎茶技巧。率先提出了「茶道」一詞的是唐朝最著名的茶僧兼詩僧皎然。皎然和尚不僅研究佛經，而且對茶文化有很深的造詣。有「茶道」一詞就是他在《飲茶歌誚崔石使君》一詩中

創造性地率先提出的。詩曰：「熟知茶道全爾真，唯有丹丘得如此。」「三飲」神韻相連，層層深入扣緊，把禪宗「靜心」、「自悟」的宗旨以「滌昏寐」、「清我神」、「便得道」貫穿到茶道之中，詩化了茶道。茶中有道，悟茶也悟道，把飲茶從技藝欣賞提高到精神享受，把茶道與佛理結合起來，這是皎然在茶道領域的傑出貢獻。

提到茶，那就不得不提到陸羽。陸羽，出生於湖北天門，生活在唐朝時期，他撰寫的《茶經》，對有關茶樹的產地、形態、生長環境以及採茶、製茶、飲茶的工具和方法等進行了全面的總結，是世界上第一部茶葉專著。《茶經》成書後，對中國茶文化的發展影響極大，陸羽被後世尊稱為「茶神」、「茶聖」、「茶博士」。

湖北天門是茶聖故里，至今還有不少與陸羽有關的遺跡。相傳，陸羽出生不久就被遺棄，被一群大雁所庇護，後來被一位名叫智積的和尚收養。智積喜歡喝茶，陸羽經常為他煮茶。經過長期的煮茶、品茶實踐，陸羽終於煮出了好茶，以至於非陸羽所煮茶智積不喝。現天門市保存有一座「古雁

橋」，傳說是當年大雁庇護陸羽的地方。

　　鎮北門有一座 「三眼井」，曾是陸羽煮茶取水處。井臺旁邊有一塊後人立的石碑「唐處士陸鴻漸小像碑」，碑上刻著陸羽坐著品茶的情景，頗有韻味。陸羽亭建於清朝，後毀於兵燹。解放後重建為雙層木質結構，呈六角形，精巧典雅。置身其間，撫亭洹泉，品茗飲茶，十分令人流連陶醉。位於竟陵西湖之濱的陸羽紀念館，包括陸羽故居、紀念陸羽的古蹟、陸羽茶事活動等建築群，遊覽該館，可以獲得陸羽事蹟和傳說的許多資訊。

　　根據陸羽所著《茶經》所說，煎水有三沸：初沸時水面上會出現魚目狀的水泡。這時可以往水裡加鹽來調味。到了第二沸的時候，邊緣會出現連珠狀的湧泉。這時候呢，要先盛出一碗放在旁邊備用，然後攪動沸水，使得沸水溫度均勻。再取出一小勺茶末放進沸水裡，攪動攪動，使沸水浮出「湯花」來。然後把之前取出備用的溫度已經變低的水倒進沸水中，這樣做的目的是減輕水的沸度以及讓沸水中浮出更多的「湯花」。到這一步，就需要把釜移出爐。如果此時不

移出來，到了第三沸的時候，水就已經老了，味差不可飲用。

關於這湯花，也有一些相關的詩句。「驟雨松聲入鼎來，白雲滿碗花徘徊」、「灘聲起魚眼，滿鼎飄輕霞」，一個把湯花比作白雲，一個比作輕霞，文人的聯想，總能把你從一件看得見摸得著的東西上，帶去一個虛無縹緲的境地。

正在喝著茶粉、茶葉茶包泡的茶的你，是不是對這煎茶的工序連連擺手，這樣複雜的手法，對時間的把控，真對得起「道」這個字眼。

唐朝精於煎茶的名家很多，最著名的有兩個：一個是茶神陸羽，還有一個是常伯熊。這倆位是茶道界的大牌，像是舉國上下最知名技術最好的兩位「茶技師」。那些熱愛品茶的名門貴族自然願意花費大錢請到他們為自己做茶。

走在茶文化的最前端，嘗到某年某時節第一批新茶的資格，無數名人趨之若鶩。他們對茶的講究不僅僅體現在茶葉、茶藝、茶杯上，還體現在水上。詩人丁卯在《題韋長史山居》裡這樣寫道：「溪浮籌葉添杯綠，泉繞松根助茗香。明日鱸魚何處約，門前春水似滄浪。」晚唐時期著名的政治

家李德裕，為了用惠山泉水煮茶，命令地方官員派人快馬加鞭從三千里路外的江蘇無錫惠山把泉水送到京城來。

到了晚唐，聰明的唐朝人又發明了一種「點茶」的方法，這種方法是將茶葉碾碎成粉末，再調製成膏狀，然後注入沸水，有點像是今天茶粉沖劑的雛形。

而隨著製茶工藝的逐漸簡化，做茶變得親民，不再是只有少數專業人士才能駕馭的技能，茶文化便開始真正融入尋常百姓的生活中。「茶百戲」就是許多茶館裡會出現的助興項目。茶百戲又稱分茶、水丹青、湯戲、茶戲等等，是一種能使茶湯紋脈形成物象的茶道，它的絕妙之處就是僅用茶和水兩種原料在茶湯中顯現出文字和圖像。聽起來十分神奇吧！同一茶湯可以多次變幻出不同的圖案。即便是今天來到咖啡館，咖啡師傅為你在醇厚的咖啡上拉花出可愛的圖案，可能都不及這茶百戲的精妙呢。

不是所有文人都在喝茶上面得到了雅趣，唐朝詩人郎士元就是個例外。話說這郎士元口無遮攔，說節度使馬燧不善飲茶。馬燧聽了很生氣，派人去叫郎士元過來喝茶。

　　這馬燧也不厚道，喝茶前吃了好多「古樓子」。這古樓子就是那種夾著羊肉的大餅。馬燧塞了很多古樓子在肚子裡，自然十分口渴。郎士元空腹前來，自然喝不過馬燧。

　　兩個人的喝茶比賽一共喝掉了二十幾杯茶，也是蠻拼的。郎士元連連擺手說不喝了，馬燧便對他說，你不是說我不能喝茶嗎？我都喝了這麼多，你怎麼反倒推辭不喝了？郎士元無話可說，又硬往肚子裡灌了七杯。

　　再美的茶水，堆積在肚裡，那就是折磨，是找罪受，只落得個「氣液俱下」的荒唐下場，灰頭土臉地逃走了。所以茶道中的禮儀，永遠是重中之重，不僅是主客之間的相互尊重，也是對茶葉茶具的尊重，更是對茶文化古文化的敬仰。

　　客來敬茶，這是漢族最早重情好客的傳統美德與禮節。直到此刻，賓客至家，總要沏上一杯香茗。喜慶勾當，也喜用茶點招待。開個茶話會，既簡便經濟，又典雅持重。所謂君子之交淡如水，也是指清香宜人的茶水。

　　茶禮還是中國古代婚禮中一種隆重的禮節，古人成婚以茶為識，以為茶樹只能從種子萌芽成株，不能移植，否則就

會枯死，因此把茶看作是一種至性不移的象徵。

　　現在傳統婚禮中，依然會保留新人向父母敬茶的習俗。所以，民間男女訂親以茶為禮，女方接受男方聘禮，叫下茶或茶定，有的叫受茶，並有一家不吃兩家茶的諺語。同時，還把整個婚姻的禮儀總稱為三茶六禮。

　　三茶，就是訂親時的下茶，成婚的定茶，同房時的合茶。下茶又有男茶女酒之稱，即訂婚時，男家除送如意壓帖外，要回送幾缸紹興酒。婚禮時，還要行三道茶典禮。三道茶者，第一杯百果，第二杯蓮子、棗兒；第三杯方是茶。吃的方式，接杯之後，雙手捧之，深深作揖，然後向嘴唇一觸，即由家人收去，第二道亦如此。

　　第三道，作揖後才可飲。這是最尊敬的禮儀。這些繁俗，此刻當然沒有了，但婚禮的敬茶之禮，仍沿用成習。茶文化，是茶與文化的有機融合，這包含和體現一定時期的物質文明和精神文明，是中國勞動人民在與自然和諧相處共同發展的過程中悟出的，屬於中華文明獨有的處世哲學。

第七篇

紅白喜事規矩多，千萬小心別犯忌

第1章

娶個唐朝老婆
可沒那麼簡單

　　我敢打賭，每個唐朝穿越者都想過要在唐朝邂逅一段姻緣，最好是修成正果的那種。試問，哪個女孩不想嫁個風度翩翩滿腹經綸的唐朝郎君呢？哪個男孩不想娶個貌美如花風姿綽約的唐朝娘子呢？

　　但是，理想像唐朝女子一樣豐滿，現實卻像被你啃過的雞骨頭一樣骨感。你到了唐朝，自己的感情還沒著落，卻陰差陽錯成為了一位媒人。唉，誰叫你沒什麼別的生存技能呢，只有一副三寸不爛之舌，被你的媒人師父慧眼識珠帶入

了行。不管怎麼說，至少給了你一個安身立命的工作，你這條單身狗暫且就好好地為唐朝情侶們服務吧。

你的媒婆師父對你進行了業務培訓，經過了一段時間學習之後，你對唐朝的婚禮習俗已經很熟悉了。某一天，你終於出師了，明天你就要獨立去說媒，怎麼樣，激不激動，緊不緊張？

我很明白你此刻的想法，雖然你覺得自己學習能力很強，但是參與的畢竟是別人的終身大事啊，難免會有些擔憂：萬一自己搞砸了，那豈不是毀了別人一輩子的幸福？

好了好了，別緊張，咱們今晚再好好從頭到尾將知識點梳理一番，溫故知新，保證明天不犯錯。另外，順便學習學習完整的婚禮流程，誰知道你的另一半會不會突然出現火速與你成婚呢。

首先，你可以在腦海裡畫一張思維導圖，標題就叫做「唐朝婚禮六部曲」，這六步分別是納采、問名、納吉、納徵、請期、親迎。

按照流程順序，咱們每個在腦海中走一遍。首先是納

采，納采就是你明天要幹的活。受男方家人之托，去女方家裡說媒。用實（天）事（花）求（亂）是（墜）的言辭將男方的門第、相貌、品行、才華等情況告知女方。如果女方對這門親事不滿意，拒絕了，那你的工作就到此為止，這個「專案」就算是結案了。如果女方對男方的情況很滿意，決定接受這門親事，那你就趕緊回去告訴男方這個好消息吧！

男方得知女方同意了這門親事，全家都很高興，然後抱出了一隻大雁，差人去送給女方。

你是不是以為男方激動得腦子壞了？送個大雁幹什麼？難道是這家郎君暗地裡跟家裡鬧翻了，暗示女方跟自己往南方私奔？或者是這個大雁不是普通大雁，而是個會產金蛋的稀世珍寶？快收起你的腦洞吧，這是常規操作。

在唐朝人的觀念裡，陰陽是一個重要的概念，男女結合便是陰陽相結合的結果。而大雁這種候鳥，懂得根據時令的變化南來北往。在唐朝人看來，大雁這種天性是順應自然的表現，所以就將大雁定為男子向女子求婚的信物，寓意陰陽相合，表達想要與對方成親之意。

這麼看來，唐朝人求婚還真是矜持隱晦啊，要是不這麼解釋一番，你還真不知道送大雁是什麼用意呢。

納采的下一步，就是問名。在這裡又要感慨一下了，唐朝男子的婚戀可真夠刺激的，大雁都送去了，卻連對方的身高長相性格愛好一概不知，甚至連名字都不知道，結個婚就像開盲盒一樣。雖然咱們現代社會也有人會在不知道對方真實情況的情況下進行網戀，但是那畢竟是線上談戀愛，而且還可以發照片，打語音，開視訊。而在唐朝，這可是直接要結婚的呀。

好了好了言歸正傳，繼續來說說問名。男方派人去問名時，不能空著手去啊，總得帶點什麼信物。而這個信物，又是大雁。不能怪大雁的出現率高，怪只怪大雁的寓意實在太符合唐朝的婚事了。

問名問的不僅是名字，還要問生辰八字，這些東西都寫在庚帖上。男方派人到女方家問名，送大雁，就算是正式求婚了。如果女方將庚帖給了男方，就表示同意了這門親事。到這裡你是不是以為這門親事穩妥了？不，還有一個尤其重

要的環節，那就是合八字。

　　男方拿到女方的庚帖之後，會去找個算命先生將自己的八字和女方的八字合一下，看看雙方是不是八字相合，有沒有天沖地剋。如果二人八字不合，那麼不好意思，這門親事就被扼殺在萌芽之中了。

　　沒辦法，在唐朝，人們對這些是十分看重的。八字不合，等於對婚姻關係宣判了死刑。如果八字相合，那麼恭喜男方可以順利進行第三步了。

　　第三步叫做納吉，又名「過小禮」，就是男方派人將八字相合的消息告知女方。這時候，又一個熟面孔出現了，沒錯，又要抱一隻大雁過去。

　　除此之外，有人還會一併送點禮物過去。通常都是些小物件，衣服、首飾之類的。你可能要問了，這麼摳門，大物件呢？別著急啊，大物件留在後面呢。

　　第四步叫做納徵，也叫「過大禮」，就是將大件的彩禮送給女方了。彩禮有不同的規格，具體就要根據男方家的經濟而定了。

　　第五步叫做請期，也叫做「送日子」和「提日子」。從名字裡就可以看出來，這是要擇日了。這一步同樣是由男方來做，男方會用一些玄學手段，比如占卜，來確定一個日期，也就是大家所說的良辰吉日。

　　日子選出來之後，男方還得拿著這個日期去徵得一下女方的意見。此時也不能空著手去，沒錯，又是你想的那樣，再次送一隻大雁過去。放心，這是最後一次送大雁了。

　　看來，在唐朝結個婚，不止費錢，還很費大雁啊。不過呢，有些時候人們無法弄來那麼多大雁，那麼就可以用雞或者鵝這兩種長得有點像大雁的家禽代替。還有一種辦法——用木頭做的大雁來代替。

　　將擇好的婚期和大雁一同送去女方家裡之後，如果女方同意了這個日期，那麼婚期就算是正式定下來了。接下來就到了最正式的一環，也就是第六步——親迎。

　　到了結婚那一天，你作為媒人，也會被請去參加婚禮。除了改善伙食之外，這也是你檢驗自己工作成果的好機會呢。看著自己親手撮合的陌生男女正式結為夫妻，一定很有

成就感吧！不過你是不是也會暗自為自己捏一把汗，害怕掀開蓋頭之後，一方不滿意另一方或者雙方都不滿意對方，當場鬧起來拿你是問？好了好了，把心放回肚子裡，這種事情的機率太小了，別自己嚇唬自己了。你就安安心心地等待一陣子吧，這期間也可以張羅張羅替其他客戶說親的事。

到了結婚這一天，你竟然有點緊張。新郎新娘都沒你這麼緊張，放輕鬆，好好觀摩一下唐朝的婚禮吧。

首先，唐朝的婚禮在傍晚舉行。因為結婚的「婚」字本來寫作「昏」，就是黃昏的意思。新郎需要提前梳洗打扮一番，穿上喜服，騎上馬，敲鑼打鼓，在眾人的簇擁下去女方家裡迎親。

一行人浩浩蕩蕩到了女方家的門口，發現女方家大門緊閉，女方的家人們守在門前，完全不見新娘子的蹤影。新郎帶來的親朋好友們個個化身大喇叭，扯著嗓子大聲喊著「新婦子，催出來」。但任憑他們怎麼喊，大門都沒有一絲要開的跡象。

此時，看到這個場景，你是不是認為男方該往門縫裡塞

紅包了？現代情景請不要亂入，在唐朝，能讓新娘子開門的不是紅包，而是詩。沒錯，你沒聽錯，能讓女方開門的，真的是詩。這種詩還有一個專門的名字，叫做「催妝詩」，這個名字可以說是十分形象了。

在唐朝做新郎官可真不容易啊，作不了詩，連新娘家門都進不去。如果新郎本人是個文化人那還好辦，不僅可以成功進門，還能在親朋好友和圍觀的群眾面前秀一下自己的才華。

可是如果新郎是個不通文墨的學渣，那可怎麼辦呢？別緊張，這是娶親現場，又不是科舉考試的現場，可以請槍手來幫忙呀！新郎自己知道文采不行，會提前叫上善於作詩的親朋好友來幫忙助陣。

唐朝詩人陸暢就在雲安公主出嫁的時候幫駙馬爺作了催妝詩：「雲安公主貴，出嫁五侯家。天母親調粉，日兄憐賜花。催鋪百子帳，待障七香車。借問妝成未，東方欲曉霞。」

甚至就連置身紅塵之外的和尚也會幫忙作催妝詩，說的

正是「推敲」典故裡的主人公賈島。他為楊姓友人作的催妝詩在這樣寫的：「不知今夕是何夕，催促陽臺近鏡臺。誰道芙蓉水中種，青銅鏡裡一枝開。」

看來要想歡歡喜喜娶個親，還得提前結交一個詩人朋友才行啊！催妝詩作好之後，需要新郎大聲念給屋裡的新娘聽。新娘聽見了詩，便會打開門迎接新郎。

新郎進入女方家裡之後，要拜見岳父岳母。這邊新郎正在走禮節流程，那邊女方家裡會派人去男方家裡鋪床，這個人被稱為「鋪母」。

不過女方派去做「鋪母」的人也是有講究的，可不是隨隨便便叫個得閒的人就能勝任這項工作。做「鋪母」需要家境富裕，人丁興旺，福壽雙全的人。由這樣的人去鋪床，既表達了對小倆口的祝福、希望他們也能像「鋪母」一樣富貴有福氣。也是給女方撐腰，向男方展示一下女方的經濟實力，讓男方不敢輕視女方。畢竟，能請來富貴人家的主母來做「鋪母」，說明女方家裡也是很有實力的呢。

再把鏡頭給到女方家裡，此時，新郎已經把新娘請出家

門送上了車。這時候新郎可不能高高興興率領車隊帶著新娘回家去，還得先騎馬圍著車繞三圈，這是表示對女方的尊重與和謙恭。

　　新郎率領著浩浩蕩蕩的迎親隊伍快要家的時候，會有很多人擋在路中央向新娘一方索要一些酒食，拿到之後才會放新娘過去。還有些人會要求人作一首「障車文」才能放行。不過此時被要求作詩的就不是新郎一方了，而是新娘一方。再次感慨一下，在唐朝認識幾個文化人可真是太重要了！

　　新娘一方散了酒食，作了詩文，終於被放行。一行人順利進了新郎家大門。此時，雖然到了新郎的主場，但是女方的女眷們卻要當眾給男方一個下馬威：她們會一人拿一個木杖或者竹棍，將新郎圍起來打一頓。

　　放心，不是因為新郎犯了錯所以要打他，這只是一道正常的婚禮程式而已，叫做「下婿」。而且這些女眷們不會打的很重，只是做做樣子罷了，主要是給女方撐腰，用這個行為告訴男方：不要欺負我們家女孩啊，不然我們可是會打你的！

新郎挨過打之後，新娘就可以下車了。不過，在新娘下車之前，新郎的家人需要提前把氈褥鋪子地上，這是為了不讓新娘直接踩在地上。

在唐朝人看來，新娘子腳踩地是衝撞地煞神的表現。墊著氈褥不讓新娘子踩踏地面，便能避免衝撞神煞，這個儀式叫做「轉席」。

白居易的詩句「青衣傳氈褥，錦繡一條斜」寫的就是這一項儀式。當然了，通常男方家準備的氈褥沒有那麼長，不能從門口一直鋪到家裡，這就需要在新娘走過後，再把走過的氈褥拿到新娘前面。以此反覆，一直走到門口。

新郎家門口會有人提前擺好一個馬鞍，當新娘踩在氈褥走到這裡時，需要從馬鞍上跨過去，或者在馬鞍上坐一下。這個儀式叫做「坐鞍」，寓意小倆口日後的生活平平安安。

新娘進門時，新郎家人會在門前撒一些豆穀，這個習俗也帶著迷信色彩，目的是讓三煞避讓，好讓新娘進門。

新娘進門之後，新郎的父母和其他家人會從便門出去，再從正門進來，循著新娘的足跡再走一遍。唐朝人認為，走

完這個流程，新郎家的人就能壓住新娘，讓新娘對夫家服服貼貼。新娘在拜堂之前，還得先去廚房拜一下灶台，表示新娘以後要負責掌勺做飯。

接下來就該拜堂了！不過呢，拜堂可不是你在古裝劇裡看到的那樣，在客廳裡拜天地、拜父母、夫妻對拜，而是在屋外臨時搭建的一個帳篷裡。這個帳篷通常是用青布幔搭建的，所以也被稱為「青廬」。

拜堂禮成之後，此次婚禮的重頭戲來了，那就是鬧新娘！在唐朝，鬧新娘也叫做「戲婦」。賓客們盡情歡笑一番，把氣氛推向了高潮。至於怎麼鬧新娘，那就各人有各人的主意了。

大家玩笑過後，夫妻二人開始喝合歡酒，這個儀式叫做合巹。通常是將酒盛飯在一分為二的兩個葫蘆瓢裡，夫妻倆對飲。喝完酒之後，小倆口會按照男左女右的順序坐在床上，到這裡，婚禮就告一段落了。

行完合巹禮之後，新郎新娘沒什麼事了，該賓客們忙活了，因為此時該開始「撒帳」了。撒帳就是新人端坐在

床上，家中的女眷將糖果，錢財等從帳幔的前後左右撒在地上，讓賓客們哄搶撿拾。

這些糖果錢財象徵著福氣，誰撿到的多就意味著誰沾到的福氣多，因此賓客們往往卯足了勁兒去爭搶，一時間，洞房裡熱鬧極了。

鬧完這一齣，賓客才紛紛散去，給小倆口留出了二人世界。此時的新娘依然沒有露出臉，而是用扇子遮著臉，這叫做「卻扇」。怎麼樣才能讓新娘把扇子拿開呢？老規矩，念詩！念「卻扇詩」！不得不說，唐朝人對詩歌實在是太有執念了，結個婚竟然要念三首詩。

不過呢，這個卻扇詩也沒那麼嚴格，可以由男方親友提前代作，再由新郎念出來即可。李商隱就替他的朋友董秀才作過一首卻扇詩：「莫將畫扇出帷來，遮掩春山滯上才。若道團圓是明月，此中須放桂花開。」

念完卻扇詩之後，新娘終於拿開了扇子，新郎這才能看見新娘的面容。至於是驚喜還是驚嚇，那就由每個新娘的長相以及新郎的審美和心理承受能力決定了。

　　至此，喜悅而勞累的一天終於結束了。整體一套結婚流程下來，可以發現唐朝人的婚禮和現代人的婚禮有一些相同之處，比如都是由男方去女方家裡迎親，都有人攔車要糖和紅包等等。

　　但是，第二天新媳婦還得早起去拜見公公婆婆，若是睡過了頭，便會被視為對公婆不敬。婚後的第三天，新媳婦還得為婆家人親自下廚做一頓飯，來展示一下自己的廚藝。

　　這頓飯的終極考驗，是羹湯。因為羹湯的難度最高，能把羹湯做好的新媳婦將會得到婆家的認可和讚揚；若是做不好羹湯，那麼婆家人或許就會對這個新媳婦頗有微詞了。所以唐朝女子在結婚前大多會好好學習羹湯的製作技巧，以便通過婆家對自己的廚藝考驗。

　　好了，瞭解了唐朝婚禮是怎麼辦的，你距離結婚就差一個對象了！

第2章

什麼！結婚結不好，可能會進監獄

　　你在唐朝的媒人職業生涯還算順利，撮合的幾對都順利成婚了。本以為會一直順利下去，可是世上哪有十全十美呢？你終究還是遇到了職業生涯的一個坎──經你說媒的一對夫妻竟然觸犯了法律，被解除了婚姻關係！

　　這到底是什麼情況呢，原來，一個找你做媒並且成功結婚的男子，竟然在老家早已有了妻子！他鄉下的妻子找了來，這才暴露了他隱瞞婚姻，在未離婚的情況下再娶的事情。用現在的說法，叫做犯了重婚罪，這個男人也因此被判了刑。

女方因為對男方已經結婚一事毫不知情，所以被判無罪，不過這段婚姻的關係也就此解除了。

雖然你也是被男方欺騙了，法律沒有對你究責，但是你意識到，在唐朝結婚結不好是會坐牢的。於是你找了個酒肆請你的媒人師父吃飯，想好好學習一下唐朝婚姻的禁忌。

你師父驚訝於你身為一個唐朝人，竟然連這些常識都不知道，你只好假裝自己喝醉了，趁著醉意來「考考」師父。還好你的師父也有些微醺，便接受了你的考驗，打開了話匣子。

在這裡必須要感慨一句，媒人就是媒人，這語速、這口才，簡直如竹筒倒豆子一般。還好你沒有真的喝醉，不然可跟不上他的語速和思路。

你努力集中注意力，一點都不敢開小差，這才聽完並且記下了滔滔不絕的知識點。原來，在唐朝的婚姻關係裡，有十種情況是觸犯法律的。下面，我們就來歸納一下這十種禁忌分別是什麼吧。以後在你的媒人生涯中，可千萬要規避掉這些啊！

假如你生活在唐朝

首先，第一條，同姓不通婚。就是字面意思，相同姓氏的男女在唐朝是不允許結婚的。你可能要問了，那如果有兩個同姓的男女認定了對方是此生摯愛，一定要結婚，那怎麼辦呢？沒辦法，雖然真愛很感人，但是二人將會面臨兩年的刑期。如果雙方願意為愛坐兩年牢，刑滿釋放之後繼續幸福地生活在一起，那也只能由他們去了。啊，聽著竟然覺得有些感動。

第二條，男女雙方有姻親服屬關係的，禁止結婚。也就是說，親戚直接不能結婚。不過因為唐朝的親戚關係比較複雜，涉及到輩分、內外親等等，需要具體情況具體分析，不是所有親戚關係的男女結婚都違法。如果結婚的雙方是姑表、舅表、姨表兄弟姐妹，那就是合法的，不會受到任何懲罰。但是如果是舅舅和外甥女結婚，姨和外甥結婚，那就是犯法了。

在唐朝的法律上「論奸處」，而且還會被強制離異。如果親戚關係沒有這麼親，例如父母的姑舅、兩姨姊妹或者堂外甥女之類的結婚，也是違法的，不過因為關係比上面的舅

舅外甥女、姨和外甥要外一層，相應的處罰會輕一點，夫妻雙方要被打一百杖，然後強制離異。

第三條，男子不得娶親屬的妻妾，不然也是違法的，要受到相應的處罰。不過這條也不是那麼絕對，有一種情況下可以判為無罪，那就是如果唐朝男子的兄弟去世了，那麼其他的弟兄收弟妻或者收兄嫂，是不犯法的。這種情況在唐朝比較常見。此外，雖說「王子犯法庶民同罪」，但是很多事情如果真的發生在了帝王家，那也不會被收到法律的制裁。

第四條，男子有了妻子不能再娶，否則就是犯了重婚罪。男子要判刑一年，與該男子結婚的女子也要受到相應的處罰。要是這個男子謊稱自己沒有結婚，以欺騙的方式與女子成婚，那麼這個男子罪加一等，不知情的女方便免去了處罰。只不過，無論男子有沒有隱瞞已婚事實，重婚的這二人都要被解除婚姻關係。

第五條，要明確妻子和妾的身分地位，不能讓妾的地位凌駕於妻之上。雖然有個詞叫做「三妻四妾」，但實際上，唐朝是實行一夫一妻制的。也就是說，男子只能有一位明媒

正娶的妻子，而這個妻子與丈夫的地位是平等的。另外娶的妾，以及家裡的婢女，地位要比妻子低。如果有人犯了把妻子當做妾或者把妾、婢女當做妻的罪，要被判一年半至兩年的刑期。

作為一個現代人，你完全不能理解三妻四妾的生活。你是不是要問，還真有人會拿把妾當成妻嗎？為什麼會喜歡妾超過妻呢？這個問題嘛，其實也不難理解。上一章已經說了娶妻的流程，新婚之夜才能看到臉，也沒什麼感情基礎，有很大機率會娶到不是那麼好看的妻子。再加上之前也沒瞭解過性格，全憑媒人一張嘴，性格不合的機率也很大。

而妾呢，很多都是男子先看上，被容貌性格才藝等吸引，先有了感情基礎。而且妾通常出身地下，自然會做低伏小，惹人憐愛。種種原因加在一起，導致很多男子對妾會比較寵愛，有時甚至會將妾當做妻，導致犯罪。

第六條，在父母喪亡的喪服期不得結婚。喪服期通常是三年，也就是說如果一個人父母去世了，那麼這個人在三年內不能結婚。若是父母在三年內先後去世，那麼這個人就五、

六年不能結婚。

此條法律還有一條引申出來的法律，用在夫妻之間。如果夫妻二人有一方去世，另一方半年內不能結婚。否則也是犯罪。此外，如果家中比較親的長輩，比如祖父母、父母等犯罪入獄，那麼在長輩坐牢期間，子孫也不能擅自結婚，不然也要受到法律的懲罰，判處三年以下的刑期。

但是，以上情況有一個免死金牌，那就是父母之命。唐朝的婚姻裡「父母之命」排在第一條。如果你在父母的要求下結了婚，那麼即使你的長輩在坐牢，你也不算犯罪。

第七條，這一條終於不再聚焦小倆口了，而是將責任主體換成了廣大的唐朝父母。如果一個女子不幸喪夫，那麼她的父母不得逼迫自己的女兒在丈夫喪服未滿的時候嫁人，否則就是觸犯了法律。但是如果過了喪服期，父母命令女兒再嫁給被人，女兒就應該從命了。不過只有父母和祖父母的命令有效，其他親屬，比如你二大爺，三姨，四舅奶之類的命令聽聽就好，如果願意那就嫁，如果不願意那就可以不用理會。

　　第八條，是關於妻子再嫁的。如果丈夫去世了，妻子在沒有子嗣的情況下可以再嫁，不觸犯法律；如果已經有了孩子，就不得再嫁了，否則就是犯法。

　　不過這條是有適用範圍：五品以上的官員家庭需要遵守，普通的平民百姓不做要求。因為普通百姓生活不易，女子獨自帶著孩子往往生活艱難，再嫁也是合情合理，不被法律約束。

　　第九條，這一條是用來約束官員的。官員在其治權範圍內不得娶民間女子為妻或者妾。這個也很好理解，舉個例子，如果一個人在某縣當官，那他就不能娶本縣的民間女子為妻。這是為了防止官員濫用職權強搶民女，在一定程度上保護了民間女子。

　　第十條，這一條是針對婚禮本身的，婚禮必須按照禮法舉行，不能隨心所欲。像咱們今天的各種創意婚禮，在唐朝是不被允許的。唐朝人結婚時必須寫下「婚書」，就像咱們現代人去戶政事務所領結婚證書一樣。

　　在男方向女方大聘之後，婚約就形成了，此時就不可以

悔婚了。如果婚禮違反了禮法，那麼主婚的家長和媒人都要受到處罰，家長的處罰重一些，媒人的處罰稍微輕點。

說到這裡，你是不是直冒冷汗，看來當媒人風險還不小，分分鐘有可能受到法律的制裁啊。沒辦法，法律就是這麼規定的，你只能做好媒人該做的事，儘量避免觸犯法律。學習了唐朝的婚禮禁忌，相信你的業務能力會更上一層樓的。

你的師父喝多了，話匣子完全關不上了，一股腦地把從業以來的各種心酸不如意都跟你訴說了一遍，還說起了自己親手撮合的一對夫妻最終離婚收場。

你聽到這裡，眼前一亮：「唐朝、離婚」這兩個片語合在一起，怎麼覺得有點不搭？

怎麼，你不會真的以為只有現代才能離婚吧。在唐朝，女性的社會地位比較高，並不是只有男子可以休妻，如果女方對婚姻不滿意，一樣可以離婚。只不過，需要一些特定的條件罷了。

唐朝的離婚有兩種，一種是比較和平的，跟我們現在的

協定離婚一個概念，雙方協商好離婚，分割好財產，好聚好散，說不定還能做朋友。

比如唐朝這份《放妻書》：「蓋說夫妻之緣，伉儷情深，恩深義重。論談共被之因，幽懷合巹之歡。凡為夫妻之因，前世三生結緣，始配今生夫婦。夫妻相對，恰似鴛鴦，雙飛並膝，花顏共坐；兩德之美，恩愛極重，二體一心。三載結緣，則夫婦相和；三年有怨，則來仇隙。若結緣不合，想是前世怨家。反目生怨，故來相對。妻則一言數口，夫則反目生嫌。似貓鼠相憎，如狼羊一處。既以二心不同，難歸一意，快會及諸親，以求一別，物色書之，各還本道。願妻娘子相離之後，重梳蟬鬢，美掃娥眉，巧逞窈窕之姿，選聘高官之主，弄影庭前，美效琴瑟合韻之態。解怨釋結，更莫相憎；一別兩寬，各生歡喜。三年衣糧，便獻柔儀。伏願娘子千秋萬歲。」

唐朝人真是婉約啊，離婚書也寫的這麼美。這份離婚書說的是結婚三年來，夫妻二人並不能很好地相處，雙方都感受不到愛情，於是二人協議離婚，分割財產，「一別兩歡，

各生歡喜」，甚至還付給妻子三年的贍養費。可以說是唐朝好前夫了。

不是所有感情破裂的夫妻都能好聚好散的，當雙方沒有談攏，無法「和離」的時候，那就只能透過「義絕」來離婚了。

到了義絕這一步，說明雙方完全鬧翻了，沒有任何調解的餘地，用「魚死網破」來形容也不為過，相當於我們現在的起訴離婚。不過也不是隨隨便便就能提出義絕的，只有在丈夫對妻子的族人或者妻子對丈夫的族人有犯罪行為、觸犯了法律時，才可以提出義絕。也是，都做出傷害另一半家人的事了，確實也無法不鬧翻了。

上面所說的兩種離婚方式，都是男女雙方共同享有的權利。除此之外，男子另外享有休妻的權利。只不過這權利可不能濫用，並不是妻子容顏老去，青春不再就可以休掉；也不是妻子打碎了貴重的花瓶就可以休掉。在唐朝，休妻有著「七出」的規定。如果妻子犯了以下七種罪責，才可以休妻。

這「七出」，一是不孝順父母，二是無子，三是姦淫，四是妒，五是惡疾，六是多口舌，七是竊盜。都是字面意思，

非常容易理解。

　　七出中，不孝順父母排在第一位，這是因為唐朝人十分注重孝道，在妻子和父母之間，無條件地偏向父母。如果妻子膽敢不孝順父母，那這段婚姻便毫無疑問地走向了盡頭。

　　關於「無子」這一條，有一個補充的說明：女子年齡在五十歲以上長期不育，丈夫才能申請離婚。如果沒有到絕育期，男子是不能離婚的。

　　說完了可以休妻的情況，再來說說哪些情況下不能休妻吧。一共有三種情況：第一種是妻子娘家家境貧寒，休妻之後無法生存。第二種是妻子為夫家的父母守孝滿了三年，上面已經說了，唐朝人非常注重孝道，如果妻子如此孝順，自然也就不能休妻了。第三種是男子先貧後富，如果一旦發達了，就拋棄糟糠之妻，會被認為沒有良心，為人所不齒。

第3章

參加白事別光哭，記住規矩最重要

你在唐朝做了一段時間的媒人，因為業務能力很好，撮合的夫妻一對對都琴瑟和鳴，羨煞旁人。漸漸的，很多人慕名而來找你介紹對象，甚至還有很多人與你交上了朋友。

你好不容易因為勤懇工作鼓起來的紅包漸漸扁了下去，這是為什麼呢？原來，你因為朋友多，因此紅白喜事人情往來也多。這會兒，之前與你關係很好的一位老者的妻子突然去世了，他的兒子前來請你去參加葬禮。

在唐朝經受了那麼多紅事，白事這還是第一回。既然已

經來了，你就帶著對逝者的緬懷和追思，來學習一下唐朝的白事流程吧。

唐朝葬禮的流程是：入殮、殯、葬。整體來說跟我們現代的葬禮沒什麼出入。

咱們按照步驟一個個來說。首先，入殮就是給死者穿衣服，然後放入棺材中。入殮也分為「小殮」和「大殮」。小殮也被稱為「搭衣架」，也就是給死者擦洗乾淨身子，穿上衣服。大殮是給屍體穿上衣服之後，將死者放入棺材。

在入殮的時候，還需要根據死者生前的身分等級，在死者的嘴裡放些東西。大戶人家嘴裡要放著珠、玉、璧等名貴的東西；平民人家沒什麼值錢的東西，便會在死者的嘴裡放上米粒。大戶人家用的棺材的質地也比較講究，五品以上的官員可以在棺木外面塗上漆。而普通人家能有副普通棺木就已經很不錯了。

接下來說說「殯」，殯是指入殮完畢之後將棺材停放在家裡一段時間。這個時間跨度有點大，短則幾天，長則好幾年。在這期間，死者的家人要根據親疏關係服喪，死者五服

之內的親戚和朋友會前來弔唁，向死者表示哀悼，向家屬表示慰問。

最後就是「葬」，也就是出葬。出葬要擇日，選一個吉利的日子。將棺材從家中抬到下葬的地方也，叫做「送葬」、「出殯」。

這一路上會有一些儀式：奏哀樂，跳祛除邪祟的舞等等。前來送葬的親友要披麻戴孝或者穿著白色縞素的衣服，有的坐車有的步行，跟在棺材左右慢行。走在前面的人要用紼拉著靈車，婦女們要在帷帳裡或者用扇子遮著臉哭泣。

到達墓地之後，將靈柩送入墓穴之後，儀式就算是結束了。不過此時眾人還不能散去，還需要去主家吃一頓素齋，並且需要喝酒，最好是喝的大醉，這在唐朝叫做「出孝」。

在吃素齋的時候，你跟同桌的人聊了起來，交談間你又瞭解了一些喪葬知識點。比如，不同等級的人去世的說法不一樣。

皇帝去世叫做「崩」，靈柩尚未出葬之前叫做「大行」；諸王去世叫做「薨」；五品以上的官員去世叫做「卒」；六

品以下的官員和庶民去世叫做「死」。

　　以上算是熱知識點，還有一些冷知識點，例如男子去世被稱為「啟手足」，婦人去世被稱為「棄堂帳」。和尚去世叫做「圓寂」、「示寂」、「寂滅」、「遷行」、「遷化」等；道士去世叫做「羽化」、「仙逝」、「遁化」、「解駕」等。

　　此外，墓也根據主人身分不同而有所不同。皇帝的墓叫做「園陵」、「山陵」，百官以下叫做「墓」。

　　墓還有墓田，墓田大小也根據墓主人身分等級不同來劃分：一品官員的墓田占地方圓九十步，二品官員的墓田方圓八十步，三品到五品的官員依次減去十步，六品以下的二十步，庶人沒有墓田。

　　墳的高度也有著嚴格的規定：一品官員的墳高一丈八尺，二品官員的墳高一丈六尺，三品到五品的官員的墳依次各減二尺，六品是八尺，庶人四尺。

　　陪葬物也有明確要求：三品以上的官員可以陪葬明器九十件，五品以上是七十件，九品以上四十件。庶人則無文，以素瓦為之。

　　喪葬時所用的人數也有規定：三品以上的大官給一百個人，五品以上的給五十個人，六品以下的三十個人。

　　此外，對國家有功的功臣在死後還會有特殊的待遇，例如皇帝為之暫停早朝、陪葬在皇陵兩側等。

　　你參加完葬禮，酒足飯飽之後就可以回家去了，這場葬禮註定是你生活中的一個小插曲。但是對死者五服內的親屬來說，他們的事情還沒有完。因為他們需要服喪。服喪也是根據關係親疏有不同的時間規定的，由親到疏分別是斬衰、齊衰、大功、小功、緦麻，統稱為「五服」。

　　五服種，斬衰是最重的服，是服喪者三年喪所穿的衣服。衣服由最粗的麻布縫成，無緝邊，斷處外掛。適用對象是諸王對天子、臣為君、子為父、未婚的女子為父、妻子為丈夫。

　　第二重的是齊衰，由麻布做的，衣服有緝邊。齊衰中又分為三個等級：一年期，五月期和三月期。一年期的適用對象是孫子為祖父母、夫為妻；五月期的適用對象是玄孫為曾祖父母；三月期的適用對象是重孫為高祖父母。

　　第三重的是大功服，服期是九個月，衣服由熟麻製成的，適用對象是堂兄弟、未嫁堂姐妹、已嫁姑姐妹、已嫁女子為伯叔父、兄弟。

　　第四重的是小功服，服期五個月，衣服也是用熟麻製成的，只不過比大功要細。適用對象是本宗為曾祖父母、叔伯祖父母、堂伯叔父母、未嫁祖姑、堂故、兄弟妻等等。

　　最輕的是緦麻，喪期三個月，適用對象為本宗為高祖父母、曾伯叔祖父母、族伯叔父母等等。

　　到了死者的忌日，對服喪的家屬也有規定。皇帝的忌日，也叫國忌，官府不准行刑，百姓不准飲酒作樂，連葷菜都不允許吃。臣子和庶民的忌日，他們的家人需要祭拜祖先，在這一天不能飲酒作樂。這個規矩沒有期限，需要終身遵守。官員士大夫的家裡如果遇上了親人的忌日，還會有親友和同事官僚前來弔唁。

　　為了防止有人不守喪，唐朝還頒佈了相關的法律。其中有幾條是這樣的：父母去世，兒女在喪服期內必須穿孝服，不能喝酒吃肉。直到三年期滿才可以脫掉孝服穿上吉服，這

叫做「從吉」。

還有，在喪服期內，官員必須離開官場，回家守孝。不得在服喪未滿的時候去吏部參選，這叫做「丁憂」。沒有官職的平民也不得隱瞞父母去世的消息去參加科舉考試，也不得去參加宴會飲酒作樂，更不允許在喪期內娶妻生子。

如果有人觸犯了這些法律，將會受到法律的懲罰：在服喪期間嫁娶，這條是上一章已經說過了，再溫習一下吧，要被抓去坐三年牢，結成的婚姻被判處無效。在服喪期間為家人主持了婚事，要被打八十大板。

如果違反規定的是官員，那麼處罰就更重了。例如原州司馬聶嶼在妻子去世半年後急匆匆地再婚了，事情敗露之後，竟然被皇帝判了死刑。由此可見唐朝人對於居喪守禮有多麼重視。

假如你生活在唐朝

第八篇

學而優則仕，
一起努力考科舉吧

第1章

別老是找我兒子玩，他以後是要考狀元的

　　你到了唐朝之後，發現城裡的物價水準實在是太高了，你又沒什麼生存技能，很難在城裡找到工作。於是你只好背著你的行囊去鄉下，希望鄉下能有你的容身之處。

　　你到了鄉下，租了間農戶的房子，還弄了塊菜地，想要暫時以種田為生。此時鄉里的學校在招聘老師，你憑藉著在現代受過的教育，成功應徵上了，成為了一名光榮的教師。準確地說，應該叫塾師。

　　在唐朝，鄉里的學校叫做「鄉校」。而鄉校的老師被成

為塾師，你現在就是一位塾師了。塾師的待遇非常低，你會發現你有些同事竟然窮到需要輪流去學生家裡蹭飯。不僅薪水拿得少，地位也很低，常常被大官和有錢的士人們嘲笑，喜提「鄉校俚儒」的侮辱性綽號。但是沒辦法，有工作總比沒有好，所以你還是好好幹吧！

身為一名塾師，你需要好好鑽研一下你的教學內容，準備好教案。那麼，你會教給學生哪些知識呢？因為是小學，所以知識不會太多，太深，通常都是從讀《論語》、《孝經》和《千字文》開始，既能教孩子們識字，又能學習一些自然、歷史知識及傳統美德，這個科目安排可以說是非常合理了。

除此之外，唐朝小學生們還會學習一本《兔園冊》，也叫做《兔園策》。這並不是畜牧專業的讀物，而是用了漢代梁孝王的典故。這是一本唐朝小學生科舉初級讀物，是初唐的蔣王暉讓自己的僚佐杜嗣搜集先賢典故編纂而成。

通篇採用對偶的句式編寫而成，之所以被稱為科舉初級讀物，是因為這本書仿應科目策，自設問答，並且引用經史子集作為訓注，讓小學生們對科舉考試有了淺顯的認知。也

因為此書內容淺顯，後世「兔園冊」三個字也用來指代淺顯易懂的書籍。

以上就是你的主要教學內容了，也不怪你工資低，這個教學任務實在不重。因此，你可以抽空找點副業做做，貼補一下家用。

你可能要犯嘀咕了，這鄉下除了種地，能有什麼副業可以做呢？難道要我去養豬養雞？你看你，既然都當老師了，為什麼不在業餘時間做個家教呢？

你是不是又要問了，既然都有小學了，為什麼還要請家教呢？那是因為有的孩子體弱多病，無法在教室裡坐很久，有的還得不時吃點藥。因此留在家裡讀書的話，大人會比較方便照顧。

還有一種情況，那就是有些女孩子的家長也會讓她們讀點書認點字，但是女孩不能去學校，因此也會請人回家來教授知識。有些父母自己有點文化，或者家裡有些親友有文化，那麼通常會自己教孩子。若是自己和親友無法教，那便會找家教了。你大可以在鄉里問一問，誰家的孩子需要家教。

第八篇
學而優則仕，
一起努力考科舉吧

　　你很快就找到了一個家教的兼職，教一個身子弱的小學生學習。這個孩子很聰明，但是有些貪玩。他的父親大字不識，但是對孩子的教育很用心。村裡的孩子找他兒子出去玩，總會受到他的呵斥，天天把兒子以後要考狀元掛在嘴邊。

　　這也難怪，因為在唐朝，大家對科舉考試非常重視，認為這是改變命運的最好途徑。士農工商，士是排在第一位的。

　　時光飛逝，畢業季到來了，你教的學生們從小學畢業了。他們有的回家務農了，有的則繼續讀書。

　　唐朝各個地方的府、州、縣都設有不同規格的學校。你所在的鄉下是在京城附近，按照道理來說，繼續求學的學子可以去上京城附近的學校。但是，這些學校的招生名額有限，而且大多都招收官員子弟，京城的官員又尤其多，因此庶民要上京城的學校，競爭非常激烈。所以很多孩子都會選擇去其他地方上學。

　　各個地方學校的招生指標也有嚴格的規定：京城地區的

……

府學生八十人，大、中都督府、上州各六十人，下都督府、中州各五十人，下州四十人，京縣五十人，上縣四十人，中縣、中下縣各三十五人，下縣二十人。

所有的這些學校都設有教授和助教來教學生，所教的內容以經學為主。但是地方學校由於師資力量和硬體條件等的限制，教學水準僅能處於中級水準。

那麼高級教學水準，只有京城的學校才有。唐朝的高級學校也叫中央學校，隸屬於唐朝掌管教育的最高行政機關——國子監，一共有六所，分別是國子學、太學、四門學、律學、書學、算學。

雖然你只是個小學老師，但是你也得瞭解一下唐朝的高級學府，因為說不定哪一天，你不做老師，跑去京城做學生考科舉了呢！

首先要瞭解一下國子學。國子學是六所學校中地位最高的一所。對入學對象的身分有嚴格要求，一般人是進不去的，只有三品以上官員的子孫、二品以上官員的曾孫以及京官四品帶三品勳封之子，才能去國子學學習。看來，沒穿越到一

個大官家庭的你，是無緣國子學了。

接下來說說太學，太學的地位也很高，僅排在國子學後面。因此，能進入太學的也不是普通人的孩子。只有五品以上文武官的子孫、郡縣公子孫、從三品曾孫以及勳官三品以上有封之子才能去太學學習。學生人數也有限制，只招收五百人，屬於中級官僚子弟學校。

比太學再低一級的是四門學，從字面上看，很容易讓人誤以為是四門科目，但實際上四門學只是一個學校名稱罷了。四門學的招生名額比國子監和太學多很多。

具體的入學對象分為兩類：第一類是七品以上文武官的子孫、勳官三品以上無封、四品有封之子，這一類招生名額是五百人。

還有一類是庶民中的優秀者，這一類的招生名額是八百人。由此可以看來，四門學對平民百姓打開了大門，只要足夠優秀，就可以進入四門學學習。

此外，四門學也是通往太學甚至國子監的黃金大道，因為有這樣一項規定：四門學中的學生如果有特別優秀的，能

通三經、俊士通三經已及第並且願意繼續深造，可以升入太學，甚至最終升至國子學。

上面所說的三所學校是唐朝規格最高的三所學校，教學內容是儒家經典。具體分為三類，大經、中經、小經。大經有《禮記》和《春秋左氏傳》；中經有《詩》、《周禮》、《儀禮》；小經有《易》、《尚書》、《春秋公羊傳》、《春秋穀梁傳》。對這些經的掌握程度就是對學生學習成績的評判標準。取得最高學歷的要求是通曉五經，也就是要通曉兩個大經，還要通中經、小經各一門，然後還要加上《論語》、《孝經》兩門。

稍次一些的，是通曉三經，也就是大經、中經、小經各通一門。再次一點的，需要通曉兩經，這其中分為兩種。一種是分別通一門大經和一門中經；還有一種是通兩門中經。學生可以根據自己的情況任意選擇其中一種進行考試。

需要明確的一點是，每個教材都有學習年限，並不是你想學多久就學多久的。《孝經》和《論語》的年限加起來是一年。大經中的兩本書每本的年限是三年，中經是兩年，小

經中除了《易》以外的年限都是一年半。而小經中的《易》由於比較難學，所以年限與中經一樣，為一年半。學生需要在規定的時間內學完相應的教學內容。

有學習，就有考試。學校裡平日會舉辦很多次小考，每年的年末，還會舉行一次大考。大考還分筆試和口試。筆試就是出題給學生在紙面作答；口試的內容是經義十條，能答對八條為上等，也就是優秀；答對六條者為中等，也就是及格；答對五條以下為下等，也就是不及格。不及格的學生需要繼續學習這些課程，直到及格了為止。

除了上面所說的國子學、太學、四門學三所學校以外，還有三所學習也是歸國子監管的國家高等學府。分別是書學、算學和律學。

從名字就可以看出來，這三所學校的專業性比較強，類似現在的專科學校，是培養專業人才的。招生對象是八品以下官員的子孫及庶人子弟。

先來說說書學，書學是學習書法的學校，主修課程是學習石經三體（即古文、篆、隸），還需要練字。這些科目的

......

學習也是有年限的，石經三體的學習年限是三年，《說文》學兩年，《字林》學一年。而且書學的學生人數很少，只有三十人。學生的錄取年齡是十四至十九歲。

除了主修課程之外，其他的時間還得讀一些《國語》、《爾雅》、《說文》、《字林》之類的書來加強文化修養。

接下來說說算學，算學是學習數學的學校，教材是《五經算》、《九章》、《三等數》等數學教科書，也得學習《孫子》之類的文科教科書。每本書的學習年限一年至四年不等。與書學音一樣，錄取人數也是三十個，錄取年齡也是十四至十九歲。

最後說說律學，律學是專門是為國家培養法律人才的學校。招生人數是五十人。學生的年齡限制在十八至二十五歲之間。

中央高等學府除了由國子監管理的六學以外，還有中央禁廷設立的二館。二館包括門下省的弘文館和東宮的崇文館。

弘文館原名修文館，後來改稱弘文館。館中收藏著皇家

的精品圖書。是真正的貴族學校，學生都是皇親國戚或者是高官的子弟，招生人數是三十人。

崇文館原名叫做崇賢館，地點在東宮裡。後來因為要避太子李賢的諱，改名崇文館。這崇文館招生指標是二十人，招來的學生主要是來陪侍太子讀書的。

瞭解了唐朝的高等學府之後，你陷入了思考：難道真的要在唐朝做一輩子的鄉下小學老師嗎？答案是否定的，因為你已經燃起了考科舉的雄心壯志，立志要參加一下唐朝的高考了！

第2章

只會考試可不行，你還得提前請老師喝茶

　　你打定了主意要考科舉，這在你們學校引起了一波討論，有的人誇你有志氣，有的人嘲笑你白日做夢。不管怎麼說，你既然決定了，就朝著目標好好努力吧！

　　不過，在努力讀書的同時，你也得瞭解一下唐朝科舉是怎麼考的。唐朝的科舉考試有進士、明經、制舉三類。其中進士的含金量最高，受認可度最高，因此也最難考。進士每年及第的名額只有二、三十個，真可說是萬人過獨木橋。在這種激烈的競爭下，要想進士及第，學習成績好只占了一

半，還有一半是權威人士、社會名流的舉薦。這種行為叫做，求謁，也叫做干謁。下面就為你介紹一下求謁的具體情況吧。

首先，你需要知道的是，求謁的時間一般是科舉考試前的兩、三個月，即每年的九、十月左右。在這個時間點你就應該到達京城了。到了京城之後，你需要確定幾個求謁的對象，通常都是很有威望的社會名流。

這麼做，是與唐朝的科舉制度有關的。咱們現在的考試為了防止作弊，需要嚴格密封姓名和其他考生資訊。但是在唐朝，批閱試卷的時候是不密封的，哪個考生寫了哪張試卷，都是公開透明的。在這種情況下，如果考生本身已經是個遠近聞名的才子了，那麼考官看到這個名字，心裡自然會給他加分。不過，並不是每個考生都能在考試之前就聲名在外的，如果能被權威人士認可、舉薦，那麼考官也會給予加分，增加考生的競爭力。

求謁的具體做法是，考生本人將自己的寫得好的詩文作品寫成卷軸，去遞給權威人士看。這個過程也叫做「行卷」。不過詩文的數量是有講究的，你不能過於自信，長篇累牘地

223

遞，也不能沒有自信，遞個一首兩首。比較合理的數量是：文章十篇至二十篇、詩歌五十首到一百首為宜。

初次行卷的考生，除了自己的作品之外，還需要準備一封介紹信。因為你第一次行卷，對方大咖根本不認識你這個無名小卒，所以你得寫個介紹信向對方介紹一下自己。

這封信也是有講究的，言辭要中肯，要不卑不亢，白居易行卷時寫的介紹信《與陳給事書》就是個非常完美的例子，下面讓我們一起看看吧：

正月日，鄉貢進士白居易謹遣家僮奉書獻於給事閣下：

伏以給事門屏間請謁者如林，獻書者如雲，多則多矣，然聽其辭一也，觀其意一意也。何者？率不過有望於吹噓剪拂耳。居易則不然，今所以不請謁而奉書者，但欲貢所誠、質所疑而已，非如眾士有求於吹噓剪拂者，給事獨不得為之少留意乎？大凡自號為進士者，無賢不肖皆欲求一第成一名，非居易之獨慕耳。既慕之，所以切不自揆，嘗勤苦學文，迨今十年，始獲一貢。每見進士之中，有一舉而中第者，則欲勉狂簡而進焉；又見有十舉而不第者，則欲引駑鈍而退焉。

進退之宜，固昭昭矣，而遇者自惑於趣舍，何哉？夫蘊奇挺之才，亦不自保其必勝，而一上得第者，非他也，是主司之明也；抱瑣細之才，亦不自知其妄動，而十上下第者，亦非他也，是主司之明也。豈非知人易而自知難耶？伏以給事天下文宗，當代精鑒，故不揆淺陋，敢布腹心。居易鄙人也，上無朝廷附麗之援，次無鄉曲吹噓之譽，然則孰為而來哉？蓋所仗者文章耳，所望者主司至公耳。今禮部高侍郎為主司，則至公矣，而居易之文章，可進也，可退也，竊不自知之，欲以進退之疑取決於給事，給事其能舍之乎？居易聞神著靈龜者無常心，苟叩之者不以誠則已，若以誠叩之，必以信告之，無貴賤無大小而不之應也。今給事鑒如水鏡，言為著龜，邦家大事，鹹取決於給事，豈獨遺其微小乎？謹獻雜文二十首，詩一百首，伏願俯察悃誠，不遺賤小，退公之暇，賜精鑒之一加焉。可與進也，乞諸一言，小子則磨鉛策蹇騁力於進取矣；不可進也，亦乞諸一言，小子則息機斂跡甘心於退藏矣。進退之心，交爭於胸中者有日矣，幸一言以蔽之，旬日之間，敢佇報命。塵穢聽覽，若奪氣褫魄之為者，不宣。

居易謹再拜。

　　這封介紹信說的內容主要是說：

　　每個考生都想要進士及第，但是有的人考一次就高中了，有的人考了十次還考不上。這其中的原因不是別的，是當局者迷的緣故。主考官還是很公平的。而小白我呢，現在就是個當局者。所以我也不知道我能不能考上，先生您是文壇前輩，眼力自然是不一般。我初來乍到，在京城沒什麼人際關係，所以就麻煩先生幫我看看。這裡有我寫的詩文，一共有二十篇文章和一百首詩歌。您要是有空，就請麻煩看看指點一下。若是覺得我的文章還可以，就請告知我一下，我可以好好準備，在考場上一展才華；若是覺得我寫得不好，麻煩您也告知我一下，我就回去收拾收拾準備離京走人了。希望先生十天內就給我回覆，不要讓我等得太著急了。若是沒有結果的話，我會再來拜見先生的。

　　看看人家這個言辭，不卑不亢，真誠懇切，也不拍馬屁，可以說是介紹信的優秀範本了。好了，你也趕緊抓緊時間準備一下作品和介紹信，去行卷吧！

第3章

這位考生暈倒了！
快來套心肺復甦術！

你在京城求謁完畢，就到了科舉報名的時候，不得不佩服你的時間安排能力啊。你根據告示，去禮部報了名。此前，唐朝的科舉是在戶部報名的，但是後來科舉報名劃分給了禮部負責。

報名的流程如下：首先，需要你親自簽名，然後要交上必備的文件和證書，具體是文解、家狀和結保文書。

文解是州府的推薦證書，即州府統一給應試舉子發的介紹信，證明此人沒什麼前科，是個良民，可以來參加科舉考

試。

家狀就是我們現在所說的報名表，你需要在上面填寫你的籍貫、三代名諱、體貌特徵。前面兩個還可以理解，但是體貌特徵就有些稀奇了。其實很好理解，在我們現在，報名表上通常會貼本人的照片，用來跟本人核對，防止有人替考。但是唐朝沒有照片，所以就只能將自己的體貌特徵寫在家狀上，作為你的身分認證。不過你可一定要客觀啊，若是明明身高五尺卻非要寫七尺，明明面黑如炭卻非要寫自己面色白皙，那就會被判定為替考。

正確的寫法是要客觀地描述出你的身高，胖瘦程度，膚色情況，五官分別是什麼樣的，臉上有沒有什麼印記，比如胎記、痣、青春痘等等，並且標明位置。

以上就是家狀的內容，到了唐朝後期，家狀的內容又增加了兩條，一是是否有過做官經歷，如果有的話做的是什麼官。二是是否之前用過別的名字，如果有的話是什麼。

說完了家狀，最後再來說說結保文書。結保文書是舉子們的道德保證書，相當於我們今天的「政審」。需要有人為

你擔保，確保你的家狀是真實的，沒有弄虛作假。

結保文書有兩種形式。第一種是官員給你擔保，這種很好理解，有當官的做背書，信任度會高一些。第二種是由三名與你一同應試的舉子擔保。沒有門路的寒門舉子們就可以採取這種方式，大家結伴互保。

不過，替人擔保也是有風險的。如果考生弄虛作假，那麼擔保人也要受到牽連。如果擔保人是官員，將會被降職甚至革職。如果擔保人是舉子，將會被取消科舉考試資格三年。所以啊，如果你要給人做擔保，還是謹慎點為好。

結保文書上還要寫上舉子在京城的住所。如果是外地來京的舉子，那就要寫上自己所住的旅館的地址。這是為了放榜之後將喜報送到舉子的住所，畢竟唐朝沒有電話，只能到家裡去報喜了。

時間飛逝，轉眼到了考試那一天。這一天可不能睡懶覺，五點多就得到達考場。人緣好的舉子還有人送考，比如白居易就送人去考過試，還寫過一首《早送舉人入試》：「凤駕送舉人，東方猶未明。自謂出太早，已有車馬行。騎火高

低影，街鼓參差聲。可憐早朝者，相看意氣生。日出塵埃飛，群動互營營。營營各何求，無非利與名。而我常晏起，虛住長安城。春深官又滿，日有歸山情。」不知道有沒有去為你送考呢，如果沒有，那也不要洩氣呀，跟旅館的舉子們一起結伴去考場吧。

舉子進入考場之前要經過入場檢查，這一條跟咱們今天的考生在門口接受檢查差不多，目的都是一樣的，防止舉子帶作弊的東西進入考場。我們今天的檢查都有明文規範，但是在唐朝，負責檢查的工作人員態度可就不可恭維了。經常大聲呼叫舉子的姓名，有的甚至對舉子橫加責斥，推來擠去，還會粗魯地翻檢舉子們攜帶的東西。

舉子們讀了這麼多年書，滿口「之乎者也」，內心懷著讀書人的清高，哪裡見過這個陣仗。有的舉子受不了這樣的待遇，會當場發火甚至棄考走人。杜牧寫的《唐故平盧軍節度巡官隴西李府君墓誌銘》就講了這樣的一件事：

「大和元年舉進士及第，鄉貢上都，有司試於東都，在二都群進士中，往往有言前十五年有進士李飛自江西來，貌

古文高。始就禮部試賦，吏大呼其姓名，熟視符驗，然後入。飛曰：『如是選賢耶？即求貢，如是自以為賢耶？』因袖手不出，明日徑返江東。某曰：『誠有是人，吾輩不可得與為伍矣。』後二年，事故吏部沈公於鐘陵、宣城為幕吏，兩府凡五年間，同舍生蘭陵蕭置、京兆韓乂、博陵崔壽，每品量人之等第，必曰：『有道有學有文，如李處士戡者寡矣，是卑進士不舉嘗名飛者。』某益恨未面其人，且喜其人之在世也。」這個名叫李飛的江西籍舉子可以說是很有性格了，像這樣的人並不是特例，如果你想進士及第，那麼還是忍一忍吧。

搜完身之後，就是進入考場準備考試了。考試的科目在不同的時期有不同的安排。初唐時只考策試，到了中宗時期，又增加了貼經和雜文，這裡的雜文是詩賦的意思。到了中唐以後，考試的內容又增加了，科舉考試中各科目的順序依次是：第一場雜文，需作一詩一賦；第二場是考貼經；最後一場考策文。

唐朝沒有鐘錶，要怎麼樣提醒考試時間呢？唐朝人自有

辦法。在考試時，會有專人點燃三根蠟燭，在每根蠟燭即將燃盡時提醒各位舉子抓緊時間，與咱們現代考場上監考官每隔一段時間就提醒考生時間有異曲同工之處。考試的時間是從早晨開始，一直到晚上點完三根蠟燭結束，著實是十分漫長啊！你可能要問了，十幾個小時，難道不吃飯，不上廁所嗎？當然不行，畢竟人是鐵飯是鋼，而且上廁所也是人類必須做的事，憋不了。

但是考生是不可能離開考場的，不然萬一跑出去作弊，那就破壞了考試的公平。所以呢，吃飯、如廁等就只能在考場的小間裡完成了，條件可以說是非常艱苦了。但是沒辦法，條件所限，為了能夠金榜題名走上人生巔峰，這點事算什麼！雖然舉子們考試期間不能出考場，但是有兩種人不得不出去。第一種，是突然犯了疾病的人。這個其實挺能理解的，唐朝人把科舉看得很重要，一緊張會犯急病，甚至本來就有病，一緊張，病就發了。如果遇到了這種情況，那麼舉子就要寫個申請，申請的格式是這樣的：「牒某，忽患心痛，請出試院將息。」，然後帶著遺憾離開考場。沒辦法，科舉

誠可貴，生命價更高嘛！要是為了一場考試丟了健康和性命，那就太不值得了，大不了咱們下次再戰嘛！

　　還有一種情況需要離開考場，那就是舉子發現試題裡有自己需要避諱的字。避諱在唐朝是一件非常嚴肅的事，如果你真的遇到了這檔子事，不好意思，任憑你再才高八斗學富五車，也得乖乖離開考場。與因病退場一樣，也得寫個申請，申請的格式還是一樣的：「牒某，忽患心痛，請出試院將息。」唉，除了感歎時運不濟，什麼辦法也沒有。

　　如果你能順利考完試，那就可以暫時放鬆一陣子了。不過這個放鬆也是相對的，因為考得怎麼樣還不知道呢，沒多久就要放榜了，即使表面上呼朋喚友聚會玩樂，看起來開心極了，但內心還是很緊張的。

　　該來的終究會來，放榜的那一天到了，所有舉子都聚在了禮部南院的東牆上，沒錯，這裡就是張貼榜單的地方。你最好早點去，因為這一天這裡將會是整個京城最擁擠的地方。你擠在人群裡，被人群推來推去，連鞋子都被擠掉了，終於看清了榜單的名字，從頭到尾看了一遍，並沒有看見你

的名字。唉，你不由長歎了一口氣，卻發現你的歎息聲淹沒在了一片歎息聲裡。原來大家都在歎息，沒辦法，每年這麼多舉子趕考，能考上的畢竟是少數。

　　能進京參加科舉考試的舉子，大部分都是人才，滿懷信心地來到京城，背負著家人老師的希望，甚至是全村的希望，但是卻沒有在榜單上看到自己的名字，這種失望是巨大的。而且，舉子落第之後，出路是很少的。很多舉子十年寒窗只學會了讀書，沒有別的生存技能，如果家境貧寒的話，那真的是舉步維艱。唐朝詩人姚合寫過一首詩描述過落第舉子的生活：「士有經世籌，自無活身策。求食道路間，勞困甚徒役。我身與子同，日被饑寒迫。側望卿相門，難入堅如石。為農昧耕耘，作商迷貿易。空把書卷行，投人買罪責。六月南風多，苦旱土色赤。坐家心尚焦，況乃遠作客。羸馬出郭門，饑飲曉連夕。願君似醉腸，莫謾生憂慼。」

　　士子落第後，滿腹「經世籌」無處銷售，無法用它換來維持生計的錢和食糧。而這些讀書人除了滿腹的「經世籌」之外，就沒有其他維持生計的技能。他們「為農昧耕耘，作

商迷貿易」，而且面對「六月南風多，苦旱土色赤」， 這些讀書人做農民不懂得耕種，做商人不懂得貿易賣賣，只能陷入「日被饑寒迫」的窘境。

你雖然落榜了，但你不要灰心。因為科舉又不是一輩子只有一次，大不了下次再考就是了。咱們現代每年都有大齡考生參加高考的新聞，在唐朝也有這樣的情況。比如，著名的詩人孟郊就是四十六歲才金榜題名。面對這遲來的榮耀，他寫下這樣一首詩：「昔日齷齪不足誇，今朝放蕩思無涯。春風得意馬蹄疾，一日看盡長安花。」孟郊家境貧寒，多次赴京應試，次次落榜，終於在四十六歲的時候居然金榜題名，得意之情溢於言表。有了孟郊這個勵志的榜樣，是不是覺得此刻的落榜也沒那麼可怕了？

經歷了唐朝的科舉，你有沒有覺得咱們現代的高考相比之下壓力小多了，至少咱們高考落榜之後如果不想復讀，還可以去各家職業學校學習一技之長。而唐朝的舉子們就沒有那麼幸運了。不過不管怎麼說，你經歷了唐朝的科舉考試，也算是不虛此行了。

第4章
官場不留爺，
自有留爺處

　　落榜之後，你仔細地思考了一下你的唐朝人生。你不想回到鄉下當小學老師和家教，也不想留在京城繼續備考準備來年再戰，你到底想幹什麼呢？你自己也不清楚這個問題。

　　住在你隔壁的一個舉子大喊著「官場不留爺，自有留爺處」，連行李都沒要，就離開了旅店。其他舉子們紛紛議論起來。透過他們的議論你才知道，原來每年都有幾個選擇出世的舉子。

　　你想了想，你本來就是穿越過來的，似乎並不能很好地

融入唐朝的官場及世俗生活，那麼，出世好像也是一個不錯的選擇。說到出世，相信你腦海裡想到的第一個人一定是「采菊東籬下，悠然見南山」的陶淵明。

在唐朝，有一位陶淵明的狂熱粉絲，也是唐朝出世的代表人物之一，他就是初唐時期的詩人王績。此人尤好飲酒，有《五斗先生傳》流傳於世：「有五斗先生者，以酒德遊於人間。人有以酒請者，無貴賤皆往。往必醉，醉則不擇地斯寢矣；醒，則複起飲矣。嘗一飲五斗，因以為號。先生絕思慮，寡言語，不知天下有仁義厚薄也。」文中嗜酒如命的人就是他自己。

王績生於隋文帝開皇十年，見證了朝代的更替。呂才《東皋子集序》中這樣寫道：「隋大業中，王績應孝廉，除祕書正字，後『不樂在朝』，乞署外職。大業十年，托疾歸龍門，唐武德五年，詔征六合縣垂，待詔門下省，貞觀初罷歸，貞觀中，以家貧赴選，授太樂壓，不足一年掛冠而去。」可以看出，王績的一生在廟堂和山林之間輾轉，三進三出。最後下定決心出世，終於找到了自己，宦海浮沉，人生失意，

全部付諸酒中。有王績這個先行者作為榜樣，後世的許多文人也紛紛選擇出世。後來者中最著名的就是李白了。

李白第一次受到玄宗皇帝召見的時候，「仰天大笑出門去，我輩豈是蓬蒿人！」那是何等的春風得意，但後來，在宮中權貴的詆毀下，李白被放出皇宮，開始了自由自在廣泛交遊的生活。在這期間，他文思泉湧，留下了諸多膾炙人口的詩篇，描繪出了繁盛的大唐氣象。

然而此時李白的出世並不算徹底，雖然表面上浪蕩江湖快意人生，但是他的內心始終有著憂國憂民的種子。安史之亂中，李白毅然投筆從戎，卻因為輔佐的一方兵敗，被流放夜郎，幸好行至巫山的時候被赦免放還。此時的李白已經快要六十歲了。幾年後，李白按捺不住內心的躁動，再一次投筆從戎，卻因為中途生病而折返。自此，李白被迫徹底出世。

除了李白這樣出世入世之間糾結徘徊的人之外，還有一些人的歸隱之心十分堅定，例如，唐玄宗年間的著名隱士盧鴻。博學多才的他隱居於嵩山的瀑布下，與天地為友，悠然自得。還開堂授課，將一生所學慷慨相授。唐玄宗久聞他的

才華，多次派人來嵩山徵召他入朝做官，皆被他回絕。最後一次，唐玄宗下詔：「禮有大倫，君臣之節不可廢也。」盧鴻實在回絕不了，便只好動身前往洛陽。

見到唐玄宗的時候，盧鴻拒不叩拜，被封為諫議大夫，也堅決不上任。唐玄宗見勉強不來，便放他回了嵩山。還命人給他修了草堂，每年賜吃穿用度。自此，盧鴻便在草堂講學，學生多達五百多人。

他的詩作《草堂》這樣寫道：「山為宅兮草為堂，芝蘭兮藥房。羅薜荔兮拍薜荔，荃壁兮蘭砌。薜荔薜荔兮成草堂，陰陰邃兮馥馥香，中有人兮信宜常。讀金書兮飲玉漿，童顏幽操兮不易長。」可以看出，盧鴻的隱居環境簡直猶如仙境。住在這裡，哪還有什麼心思去俗世裡走一遭啊！

李白也對盧鴻推崇有加，為他寫過一首詩《口號贈盧征君鴻》：「陶令辭彭澤，梁鴻入會稽。我尋高士傳，君與古人齊。」將盧鴻比作陶淵明和梁鴻，足以見他對盧鴻的尊崇之心。所以啊，你如果實在對世俗生活厭倦了，不如像盧鴻這般寄情山水之間吧！

假如你生活在唐朝

第九篇

後宮生存指南

假如你生活在唐朝

第1章
皇帝的女人，分三六九等

你從一個天天追宮廷劇的現代女孩穿越成了一個唐朝小娘子。因為實在是沉迷宮廷劇，導致你已經看不上尋常的男子了，一心想著到深宮裡跟皇帝談個驚世駭俗的戀愛。而且，你自詡看了那麼多後宮爭鬥的手腕，一定能夠叱吒後宮，笑到最後。

好了，別做夢了，先來瞭解一下真實的後宮是什麼樣吧。說不定瞭解之後，你會壓根不想進宮了呢。

有句話叫做「後宮佳麗三千」，雖然三千是個誇張的概

數，但後宮的女人著實不少，也就是說，你的情敵實在不少。都說三個女人一台戲，這麼多女人豈不是把後宮要掀翻了？這時候，管理後宮這件事就變得尤其重要起來。

　　不過指望誰來管？總不能讓在前朝日理萬機的皇帝親自來管吧？這時候，皇帝明媒正娶的正妻──皇后閃亮登場。一個「后」字就說明了地位。「后」字可不是誰都能叫的，《禮記・曲禮》裡寫道：「天子之妃曰后」。一般的小老百姓娶個老婆稱為妻，讀書人的老婆稱為婦人，小官的老婆則叫孺人，官職稍大的就叫夫人，哪怕太子的老婆也只叫太子妃，而不是叫太子后。足以看出「后」字的尊貴地位。高處不勝寒，也正因為這獨一無二的尊貴地位，才吸引了古往今來那麼多妃子拼命宮鬥，一個個頭破血流不惜拼了性命也要爬上皇后的寶座。

　　那麼多女人中，到底誰才能當上皇后呢？最美的那一位？最有才華的那一位？不好意思，都不是。能當上皇后的女子，首先，家庭背景要足夠雄厚，要麼你爹是當朝宰相，要麼你娘是皇親國戚，沒有這麼厲害的家庭背景想擁有皇后

的位置，那可能性有點小。

當家庭背景過關之後，你還得德才兼備，具有管理後宮的能力，和母儀天下的氣質。所以說，皇后用萬裡挑一來形容，一點都不為過。

除了地位最高的正妻皇后之外，其他的後宮佳麗也會被分為不同的等級。畢竟皇后一個人管這麼多的妹（情）妹（敵）們也是真的忙不過來。皇后可說是全年無休，除非被廢了，不然這一生都要盡心盡力管理後宮。感覺皇帝欠皇后一個最佳勞工獎。後宮等級制度在一定意義上幫皇后減少了不少工作量，可以在很多方面約束妃嬪們。

娘子，你是不是還尋思著當皇后的事情呢？快別出神了，有人叫你呢。你這才回過神來，一個小丫鬟過來叫你「王皇后」，提醒你早點回宮。原來，你竟然穿越成了正在回家省親的王皇后！

你照了照鏡子，發現自己果然穿著皇后的衣服，天哪，這簡直是心想事成啊！你揮別父母，假裝依依不捨地灑出幾滴眼淚，被盛大的車隊迎接回宮。一路上激動不已，還差點

從馬車上摔下來。

回到宮裡，你正在喝茶休息，身後還有宮女給你扇著扇子捶著背，你環顧著金碧輝煌的寢宮，得意不已。心想這趟穿越之旅可太令人驚喜了，簡直是心想事成啊！此時，一個宮女前來通報，說淑妃娘娘一會兒要來。

你還沒反應過來，淑妃？誰啊？你可長點心吧，電視劇你也沒少看啊，怎麼這會兒頭腦短路了。你是王皇后，那淑妃還能是誰啊，蕭淑妃啊！在各種電視劇裡，這蕭淑妃可是沒少受恩寵，歷史上實際上也是如此。這可不是空口無憑的猜測，是有依據的。《通典》卷三四《內官》寫道：古之天者后立六宮，三夫人，九嬪，二十七世婦，八十一御妻。按照這個通典所說，李治應該有三位夫人，但是他只立了一位，那就是蕭淑妃，寵不寵可見一斑。

你的強勁情敵要來跟你會面了，你還不趕緊把面前的瓜子水果放下，趕緊梳妝打扮一番，可不能輸了陣仗。

不過你也不要自亂陣腳，哪怕人家蕭淑妃比你年輕貌美，但她畢竟不是皇后啊！拿出你一國之母的氣勢來，穿上

只有皇后有資格穿的紅衣，走出最霸氣的步伐。詠，你可能要問了，是她來找我，我幹嘛要走？

動動你的腦子，她現在懷著孕呢，跑到你宮裡來，萬一來個假摔嫁禍給你，那你的皇后之位可就保不住了，說不定還會定更大的罪。為了保險起見，還是約到外面去吧，外面人多眼雜，她嫁禍你的難度要低很多。在這宮裡生存就是這樣的，哪怕你沒有害人之心，也得有防人之心啊，不然或許下一個後宮鬥爭的犧牲品就是你了！

好了，既然決定了，你就抓緊打扮一下，差宮女去告訴蕭淑妃別來了，約在御花園見吧。對了，你可以把所有嬪妃都叫去御花園，一來認認人，數數嬪妃數量，二來看看皇帝審美如何。

一番收拾之後，你到了御花園，此時嬪妃們已經到了很多。畢竟皇后發話了，誰敢不給面子呢？不過，還真有一位沒有來，那就是武昭儀。

提到這個名字你簡直快要嚇死了，畢竟在電視裡、歷史書上已經多次看到過你是怎麼死在這位情敵的手裡的。不過

別緊張，你可以在那之前就穿越回去啊！今天武昭儀沒來的原因是，她被皇帝帶去打獵了，可見是真的受寵啊！不過對你來說，不跟這麼厲害的角色正面對上是對的，你要先把眼前的這些妹妹們認熟了再說吧。

先從妃位開始說起吧，唐朝的后妃制度最初是沿襲了前隋朝的舊制度，有貴妃、賢妃、淑妃、德妃四位，也叫做夫人，她們與前朝官員一樣，也是有官階的，官階是正一品。

到玄宗時期進行了改革，認為「既有正后，複有四妃，非典法也」，於是就改為惠妃、麗妃，華妃三位妃子；妃位之下就是嬪位了，你又得認識九個妹妹了，她們分別是昭儀、昭容、昭媛、修儀、修容、修媛、充儀、充容、充媛，這些妹妹的等級是正二品；再往下就是正三品的婕妤九人，正四品的美人九人，正五品的才人九人，這二十個妹妹又稱為二十七世婦。

再往下還有正六品的寶林二十七人，正七品的御女二十七人，正八品的采女二十七人，這八十一個妹妹也叫做八十一御妻。這麼一算，後宮的人數可真不少啊！

247

　　這百來個生面孔你一時半刻是認不全的，看看花，說些閒話，接受一下她們對你的吹捧和巴結就是此次聚會的全部內容了。蕭淑妃見這麼多妹妹都在，也沒什麼特別的舉動。你鬆了一口氣，看來成功避免了一次宮鬥場面。

　　你藉口身子乏了，讓妹妹們都散了。但你自己卻不想回自己宮裡，好不容易成為了皇后，還不好好逛逛你自己的家？

　　你所在的宮殿叫做太極宮，東西寬 2830.3 米，南北長 1492.1 米，你算了半天，得出一個結論，這地方太大了，光靠你的兩條腿估計得好幾天才能走遍看遍。要我說，你一輩子也不能走遍看遍。

　　這可不是在抬槓，你雖然貴為皇后，可是你的活動範圍並不大，有些地方你一輩子也不能去，比如「前朝」的很多地方。太極宮遵循了「前朝後寢」的設計原則，以朱明門、肅章門、虔化門等宮院牆門為界，把整個太極宮分為「前朝」和「內廷」兩個部分。

　　前朝大致就是皇帝上朝處理政務以及舉辦大典的地方，

內廷就是生活區，分為兩個主要功能：一是皇帝與少數大臣商談國事，因為在內廷，所以舉止行為可以稍微隨意一些，不用像前朝那麼拘謹有禮，地點是在內廷的兩儀殿；二是供皇帝和后妃們居住。沒錯，你的活動範圍主要就是在內廷裡。

在內廷隨便逛了逛，你就累到不行了，畢竟這麼多珠寶首飾戴在頭上和身上，也怪累人的。既然走不動了，那就別強撐了，趕緊回寢宮歇歇吧。

你回到了宮裡，有人伺候你坐下，有人伺候你擦汗，有人伺候你喝茶，還有人問你要不要洗澡，弄得你怪不好意思的，甚至想給這些小宮女們加工資。

你大手一揮，賞賜給了宮女們不少東西，這些女孩子們都開心極了，連聲謝恩。你不由又感慨起來，當了皇后是很爽，當了妃子也不錯，都是被人伺候的，吃穿不缺的。但這些小宮女們卻動不動就要行禮下跪，隨時要看主子的眼色，時時刻刻要牢記自己與主子身分等級的區別，在封建社會完全沒有什麼平等可言。

　　一番感慨之後，你發現自己的肚子咕咕叫了起來。正想開口問問什麼時候吃完飯，就看見小宮女們端來了各種飯菜，原來已經到了晚飯的時間。見到吃的，你立刻什麼都顧不上了，直把那鶯蜂蜜、靈消炙、佛土菜、洋豆等珍饈給吃了個遍。

　　吃飽喝足，你又開始思考人生了，沒辦法，這宮裡實在是無聊，什麼娛樂活動也沒有，宮女們對你都恭恭敬敬的，你想跟人說幾句家常，人家都不敢抬頭看你，你只好坐在院子裡對著月亮發呆。

　　幾個宮女小聲嘀咕著，說皇帝打獵結束回宮了。此刻你腦海裡靈光一現，突然想到了一件事：這都到晚上了，一會是不是要侍寢了？想到這裡你突然驚慌起來，這也太突然了吧！至少給點時間培養培養感情啊，連皇帝的面都沒見著，第一次見面就要……你瞬間有些打退堂鼓了。

　　我的皇后娘娘，您抬頭看看月亮吧！今天的月亮是個月牙，輪不到您侍寢。你可能愣住了，這侍寢怎麼還跟月亮有關？難不成皇帝是個狼人不成？好了好了，你的戲未免太多

了，讓我來給你解釋一下為什麼今天輪不到你侍寢吧。

在唐朝的後宮，侍寢是有嚴格規定的，這個規定，就與月亮息息相關，準確的說，是以每月的前半段和後半段劃分的。根據月亮陰晴圓缺的規律，每月的前十五日月亮漸滿，於是初一到十五就由地位低的輪到高的嬪妃侍寢；每月的後十五日月亮漸缺，於是從十六到月底則反由地位高的輪到地位低的妃嬪侍寢。

具體是這麼安排的：初一到初九是八十一御妻每九人共用一夜，十三是九嬪，十四是四夫人，十五月圓之日，是皇后獨享；十六也是皇后獨享，十七是四夫人，十八是九嬪，十九到二十一是二十七世婦，每九人共用一夜，二十二到三十則是八十一御妻每九人共用一夜。

讓我們依照上面的說法，掰著手指統計一下次數：皇后獨佔兩晚，四夫人兩晚，二十七世婦六晚，八十一御妻十八晚，整體說來，也算是按照身分等級合理分配了。

不過站在皇帝的角度看，妃子太多了，最多的時候甚至一夜九個人服侍，多少會感到力不從心吧。而且，就寢一事

假如你生活在唐朝

被安排得明明白白，並不能依照自己的喜好選擇，似乎並不是一件樂事。於是，很多皇子會自己在安排侍寢一事上花點心思玩出花樣。

比如唐玄宗就想出了一個辦法：把妃嬪們叫到一起，大家一起擲骰子，點數最多的妃嬪就是當晚的侍寢者。這時候運氣就顯得尤為重要了，也因為這個遊戲，當時的人們將骰子稱為「剉角媒人」。

此外，唐朝的皇帝們還使用拋橘子的方式來選擇侍寢的嬪妃。唐朝詩人王建的《宮詞》中寫道：「叢叢洗手繞金盆，旋拭紅巾入殿門。眾裡遙拋金橘子，在前收得便承恩。」你別忙著感歎皇帝會玩了，在這個時代，娛樂活動有限，只能多開動腦筋找樂子好嗎！

好了，皇后娘娘，天色不早了，該歇息了。若是熬出了黑眼圈，那可就競爭不過妹妹們了喲。

第2章

想宮鬥？
連皇宮你都進不去

上一章給你開了外掛，讓你直接穿越成了皇后，感受了一把在後宮裡稱霸的滋味。不過雖然你貴為皇后，做什麼都有人伺候著，但是活動範圍實在是太小了，不能逛街的生活還有什麼意思？很快，你就對做皇后這件事厭倦了。你整天哀嚎，要是能重來，我想當一個普通女子，我絕對不做皇后了，絕對不來這皇宮了！

不好意思，告訴你一件事，即使你當了一個普通女子，你也有一定的機率被選到宮裡來，再次過上這種枯燥無味的

生活。這可不是嚇唬你，你瞭解一下唐朝後宮的選妃制度，就明白了。

首先，皇帝為自己擴充後宮一共有三種途徑：禮聘、采選和進獻。

先來說說第一種，禮聘。從名字就可以看出來，這種方式比較「高端」，是指皇帝給名門望族、王宮貴胄家的大家閨秀下聘，讓大家閨秀入宮作自己的妃子。所以，如果你穿越成了一個才貌雙全琴的小娘子，琴棋書畫樣樣會，長得是閉月羞花沉魚落雁，你爹又恰巧是個宰相將軍什麼的，那你可得低調點，千萬別讓人知道你如此優秀，不然皇帝跑來下了聘，那你就又回到宮裡了。

什麼，你說你抗旨不去？那你的腦袋，你爹的腦袋，你全家的腦袋，可就在脖子上搖搖欲墜了。

再來說說第二種，采選。這就是我們今天俗稱的「選秀女」，采選制度最早是從東漢開始的。到了唐朝，已經發展得非常成熟規範了。唐玄宗甚至還為此專門設立了一種職位「花鳥使」。

　　擔任花鳥使的都是宦官，他們的職責就是在每年八月初走出宮門，挑選公卿百官及庶民之家的美貌女子，將她們納入後宮供皇帝挑選。如果你穿越成了一個貌美如花的女子，不管你有沒有文化，識不識字，也不管你爹是公卿百官還是平民百姓，只要你四肢健全，身體健康，年齡在 12 歲以上20 歲以下，那你就會被花鳥使選進宮。

　　什麼，你又說不想去？不好意思，皇帝說了：「官民之家如有隱匿其女，不應徵選者，即處死刑」。平民百姓當然不敢違逆皇帝的命令，再說了，一些家境不好的女子，進宮了或許會比在家裡過的還好些。但是那些官員們可就不一定了，一來或許捨不得從小嬌生慣養的寶貝女兒，二來可能會遇到花鳥使看上的女子已經許配他人的情況。

　　你可能要質疑了，還有這麼巧的事？要不說你沒見識呢，給你看一個活生生血淋淋的例子：

　　開元初年，太常卿盧崇道給他的兒子聘娶了一個姓崔的女子，這裡順便回顧一下唐朝結婚的步驟，盧崇道之子經歷了納采、問名、納吉、納徵、請期之後，還差親迎這一個步

驟就順利成婚了。此時是農曆八月，花鳥使去民間尋覓美人時，一眼把這個崔姓女子給選中了，要把她送進宮去。

盧崇道急了：這怎麼能行，未過門的兒媳婦怎麼能被送進宮呢？要說這盧崇道如果是個平頭百姓那也就算了，興許難過一陣子也就罷了；但是壞就壞在他是個官，自詡有些人脈勢力，於是膽子大了起來，想出了一個偷天換日移花接木的辦法。花重金賄賂了采選的工作人員，找了另外一個姓崔的女子代替自己的準兒媳婦入了宮。本以為天衣無縫，不料事情卻敗露了。唐玄宗豈能容忍這樣的事，下令將盧崇道和他的兒子以欺君之罪杖殺了。

聽完這個故事你是不是心有餘悸，若是你被花鳥使選上了，你是選擇乖乖入宮，還是選擇用生命抗議？這個問題你可得好好想想了。

最後說說皇帝擴充後宮的第三種方法，那就是大臣進獻。在任何時代，美女都是稀有資源。有些大臣想要在皇帝面前邀功，但是業務能力又不出眾，那拿什麼邀呢？自然就是美女了。所以啊，如果你穿越成了一個再尋常不過的女

子，只要你長得美，就算好不容易躲過了每年八月花鳥使的遴選，說不定也會被某個兩眼放光替皇帝「獵豔」的大臣發現，那你又免不了要進皇宮了。說來說去，在唐朝，長得美，是原罪啊！

那你又要問了，長得美會被選進宮，那穿越成一個醜女不就行了？不好意思，又來掃你的興了，在唐朝，即使長得醜，也有可能被選進宮。只不過這次不是做妃子了，是做宮女。唐朝有這一項規定：被抄家的官員家中的女眷，會被納入宮裡做宮女。

對了，納采進宮的女子，也不是個個都能做妃子的。進宮之後，有專門的嬤嬤來給她們檢查身體，看看身上有沒有疤痕以及發育情況等等。若是體檢合格，那就可以去面聖了。如果體檢沒過，那就會被送去六局做宮女。

六局指的是尚宮局、尚儀局、尚服局、尚食局、尚寢局和尚功局。不過凡事沒有絕對，不是說當了宮女就一輩子只能做宮女了，還是有希望翻身成為主子的。畢竟整個後宮的女人都是皇帝的，萬一哪天皇帝心血來潮看上了某個宮女，

那簡直是分分鐘逆襲啊。就算沒被皇帝看上，也能透過自己的努力在自己供職的局裡升職加薪混成女官，那麼待遇和地位都會有很大的提升。

當然，能當上女官的畢竟是少數，大部分宮女都是默默無聞地度過了自己的一生。正如白居易《上陽白髮人》中所寫的那樣：「妒令潛配上陽宮，一生遂向空房宿。宿空房，秋夜長，夜長無寐天不明。耿耿殘燈背壁影，蕭蕭暗雨打窗聲。」宮女們寂寥而漫長的一生，就這麼無聲無息地湮滅在了歷史的長流中了。

第3章

人在後宮，身不由己

如果你是個郎君，若是問你整個大唐你最想去哪裡，你的心裡一定想過這個答案——後宮。燕瘦環肥，蘿莉御姐，簡直是亂花漸欲迷人眼啊！但是，你要知道，女人本身是美好的，但是女人多起來，可就沒你想的那麼和諧美好了。

我不是故意要戳破你的幻想啊，我只是想把實情跟你說出來，讓你知道後宮女人們真實的爭鬥狀態，然後你再決定要不要穿到後宮去吧。後宮那麼多妃嬪，拿誰舉例子呢？既然上文已經有女孩兒穿成王皇后了，那咱們就來聊聊如果這個「王皇后」在唐朝停留太久，會發生什麼事吧。

在進入正題之前，先來交代一下人物。主要人物有三

個：王皇后，蕭淑妃，武媚娘。差點忘了，還有一個男主角李治。在武媚娘進宮之前，宮鬥的絕對主角是王皇后和蕭淑妃。二人中，占上風的是蕭淑妃，可以說是最受寵的妃子。有多受寵呢？給你看一個資料，蕭淑妃在李治登基之前，就已經為他生下了一個兒子兩個女兒。如果不寵愛，又怎麼會有這麼多孩子呢。

而另一個主角王皇后，雖然有皇后身分的加持，卻並沒有在恩寵上討到便宜，這點在孩子數量上也可以看出來。因為王皇后一輩子一個孩子都沒生，不是不孕不育，就是李治不夠喜歡她。而且王皇后與皇帝的婚姻也是家長包辦的，沒有一點感情基礎。也難怪美麗機靈的蕭淑妃會壓皇后一個頭了。但是皇后怎麼會甘心讓蕭淑妃騎到自己頭上呢？於是便要想辦法開始爭寵了。蕭淑妃獨得恩寵，當然也不會眼睜睜看著皇后跑來爭寵。於是二者開始了明爭暗鬥，但是鬥來鬥去，總是勢均力敵的狀態，誰都無法占上風。

下面，轉捩點來了，王皇后為了轉移李治對蕭淑妃的注意力，想了一個狠招 —— 將武媚娘從感應寺弄進了宮。相信

　　王皇后內心一定是這麼想的：「哼，我一個人比不了妳，我加上武媚娘兩個人還比不過妳嗎？」

　　於是，正在感應寺為先皇守孝的武媚娘被接回了宮裡，這可是李治心心念念的人啊！王皇后以為這次勝券在握，不料聰明反被聰明誤，忽略了這武媚娘也是個狼子野心之人。

　　武媚娘一回宮就勾走了李治的魂，集萬千寵愛於一身，還被封為武昭儀，蕭淑妃的風頭被搶的乾乾淨淨。此時的王皇后雖然達到了讓蕭淑妃失寵的目的，但是得不償失，自己變得更加受冷落。強敵當前，王皇后和蕭淑妃這兩個宿敵決定聯合起來一致對外。不過武昭儀這個強敵可不是吃素的，竟然為了打敗敵人，親手將自己剛出生的女兒掐死嫁禍給王皇后。俗話說，「虎毒不食子」，但是在武昭儀這裡，為了贏，為了權利地位，親生孩子也是可以捨棄的。

　　這一招實在是夠狠，李治絲毫沒有懷疑事有蹊蹺，一心認定了皇后就是殺死小公主的兇手，並且生出了廢掉王皇后，立武昭儀為后的心思。但是礙於朝堂上一些官員的阻礙沒有立刻廢后。不過沒過多久，有官員為了討好武昭儀，站

假如你生活在唐朝

出來提出廢后，得到了一些同樣想要討好武昭儀的官員的支持。至此，王皇后大勢已去，蕭淑妃作為王皇后的「同夥」，自然也受到了牽連。二人被貶為庶人，打入了冷宮。而武昭儀如願以償登上後位成為了武皇后，與李治過上了神仙眷侶的生活。勝負已分，大局已定，看起來事情到這裡就可以結束了，但是！如果到這裡就結束了，那還怎麼角逐宮鬥史上的最佳劇情獎？事情的反轉在於李治有一天突然心軟了，跑去冷宮探望了王皇后和蕭淑妃。畢竟這兩個女人，曾經一個是明媒正娶的皇后，一個是自己最愛的妃子。

這一看可不得了，直接把王皇后和蕭淑妃送上了黃泉路。武則天知道李治的小動作之後震怒，下令將王皇后和蕭淑妃杖責一百，直打到血肉模糊，慘不忍睹。據《新唐書》記載，蕭淑妃在求生不得求死不能的酷刑之下發出這樣的詛咒：「阿武妖滑，乃至至此！願我來世投胎成貓，而讓阿武變成老鼠，要生生扼其喉！」聽聽這話，蕭淑妃這是恨毒了武則天啊！不過這話可不能震懾到我們的武皇后，反而讓她痛下殺心。命人砍下了蕭淑妃和王皇后的手腳，將她們扔進

了酒甕裡泡著。可憐的蕭淑妃和王皇后就以這種慘絕人寰的方式結束了她們的一生。

這裡插播一個問題：請問，李治的心理陰影面積有多大？不知道他對慘死的蕭淑妃和王皇后，懷著怎樣的心情？

你以為這事到這裡就結束了？兩個情敵都死了，武皇后該收手了吧？孩子，你太天真了，我們的武皇后可是未來要做女皇的人！怎麼就這麼算了？她下令給王氏改姓「蟒」，蕭氏改姓「梟」，以示侮辱。還將她們的娘家人流放到了嶺南。而蕭淑妃留下的三個孩子的命運，也被武皇后牢牢抓在了手中。蕭淑妃的兩個女兒在冷宮長大後嫁給了侍衛，這已經是不幸中的萬幸了。相比之下，蕭淑妃唯一的兒子就沒那麼幸運了，雖然沒有被貶為庶人，但是長期生活在武皇后的監控下，最後還是難逃一死。

你看看，後宮的爭鬥是多麼地驚心動魄，看起來千嬌百媚的妃嬪們，鬥起來卻是如此兇殘狠毒。要說，這些女人之間有多少深仇大恨呢？那也不見得，畢竟進宮時都是十幾二十歲的年輕女子，距離天真無邪的少女時代也沒過幾年。

但是進入了後宮，進入了皇帝的視線，一切就都不一樣了。權力和地位不僅能讓男人瘋狂，也能讓女人瘋狂。在等級制度如此殘酷的唐朝後宮，只有踩著別人爬上去，才能獲得想要的一切。還有一種情況，那就是有些妃嬪對皇帝有佔有欲，見不得皇帝寵幸別的女人，希望自己可以獨得恩寵，於是為了捍衛自己心中的「愛情」，開始了殘酷的宮鬥。

或許有些妃嬪本無意參與宮鬥，只想安安穩穩過好自己的日子。但是不去害人，並不代表別人不來害你。有句話叫做「人在江湖身不由己」，後宮的女人也是一樣，「人在後宮身不由己」這八個字可以完美概括後宮嬪妃女子的狀態。

作為皇帝，對於後宮爭鬥其實也是很無奈的。但是很多妃嬪的家人都是朝堂上的重臣，前朝後宮完全是牽一髮而動全身的關係，這導致皇帝無法公平公正地處置一些妃嬪。另一方面，皇帝日理萬機，本身也沒那麼多時間去關注後宮。

總之，不止是唐朝，每一個朝代的後宮都是沒有硝煙的戰場。女人們前赴後繼，為了地位或者愛情，葬送了自己的一生。

第十篇

精神世界太空虛，
選個宗教信仰吧

假如你生活在唐朝

第1章

我佛慈悲，
請保佑世界和平吧！

睜開眼，炫目的陽光刺痛了你的神經，這裡是哪？定眼一看，兩顆圓圓的腦袋正直勾勾地盯著你……恕我不敬，恕我不敬，兩位師傅好。

你為了避免失態，趕緊跟兩位師傅打了個招呼。原來此時的你已經身處寺廟之中，兩位寺院僧人正在關照你的狀況，問你是不是不舒服，怎麼暈倒在地上了。

你自己也迷糊著呢，難道你出家了？你顫抖的雙手摸了摸自己的腦袋，果然光溜溜的。好吧，別人是「丈二和尚摸

不著頭腦」，而你「丈二和尚摸不著頭髮」。

　　既來之則安之，你四下看看，這兒環境真不錯，綠樹成蔭，空氣清新，比咱們現代的空氣好多了。你先到處溜達溜達熟悉一下環境，一入空門深似海，體驗體驗四大皆空的精神生活也不錯。

　　這寺廟的外面，跟咱們今天去參觀的那些寺廟都差不多，畢竟很多寺廟都是從古代一直流傳到現在的。都是先有個山門，山門後面是個大殿，大殿裡面有佛像，這就是日常參拜佛祖的地方了，香客們拜佛捐香火錢就是在這裡。但是僧人們的生活區就不對外開放了，畢竟修行需要清淨，若是打坐修行都要被人圍觀評論一下，那可太難了。

　　你在寺廟裡閒晃著，突然想起了一個問題，寺廟裡有那麼多和尚，晚上睡覺怎麼睡？當然不會一人一間臥室啦，哪有這麼多房間？

　　那麼，兩人一間？你當這是飯店旅館啊！

　　那麼，四人一間？拜託，這也不是學生宿舍啊。

　　你邊走邊想，剛好來到了宿舍門口，你伸頭往裡看看，

假如你生活在唐朝

發現竟然是大通鋪。沒錯，寺廟這麼多人，只有大通鋪可以睡得下。而且，住宿的條件很簡陋，你可別指望每人都能分到一床錦衾、一個棉墊、一頂幔帳什麼的，告訴你，通通沒有。和尚們的床上用品都是最最簡單的，能有個蓋在身上禦寒的東西就不錯了。畢竟這裡是修行的地方，要做到四大皆空，那些用來享樂舒服的東西肯定是沒有的。

不過呢，寺廟裡也不全是大通鋪，也有好臥室，但是這些好臥室不是給普通和尚們住的。寺廟裡最好的臥室就是單間，通常是為主持和香客遊人等準備的。你這初來乍到的菜鳥沙彌就別想了，肯定是要在團體的歷練中才能充分感受到生活的苦味。

你在寺廟裡到處溜達著，不知不覺就到了吃飯時間，你跟著和尚們一起來到了後廚門前，仔細嗅了嗅空氣，這飯菜的味道為何如此寡淡？那當然了，這裡是寺廟，吃齋飯那算是必修課，你不會以為挺著大肚子看起來非常富態的彌勒佛是吃葷養起來的吧，那只是一種大肚能容的儀態罷了。

你走進飯堂，跟其他的和尚一起坐在飯堂裡啃著鹹菜喝

著粥。正吃著，你無意間一抬眼，看見你對面竟然坐著一個有頭髮的人。你仔細環顧了一下四周，發現有不少留著頭髮的人。原來除了你們，還有前來上香或者借住的施主在這裡吃飯。我佛慈悲，寺院不僅免費提供住宿，還免費提供飯菜。雖然品質不高，但是服務還是很好的。

在這裡插播一個冷知識，你是不是以為寺廟只有和尚和前來求神拜佛的香客？那你可就大錯特錯了，寺廟裡來來往往的人可多著呢。你吃完飯溜出去繼續走走，說不定能看到一些前來看病的窮苦人和來上學的寒門小孩，甚至還可能看見殘疾人士。

你可能要問了：這真的是寺廟嗎？怎麼聽起來這麼像醫院、學校、慈善機構呢？沒辦法，在唐朝很多社會機構都不夠健全，本著「能者多勞」的原則，寺廟便承擔了很多職能。比如設立「病坊」，讓寺裡那些通曉醫術的和尚為看不起病的窮苦百姓治病；設立學堂，給上不起學的貧窮人家的孩子教授知識；給沒有生活自理能力的殘疾人提供住處和食物。甚至，還有娛樂功能！

　　說起娛樂，你眼前一亮，本以為穿越成了一個和尚從此就只能與青燈古佛相伴了，沒想到還有娛樂活動！

　　事情是這樣的，寺廟會在每年的春夏秋三個季節，對外開展一次「俗講」，也就是講故事給百姓們聽，以此來吸引香客為寺廟捐獻香火錢。於是，很多寺廟都會修建一個戲場。但是一年到頭，也才辦三次活動，這個戲場實在是有些浪費。本著物盡其用的原則，這個戲場平時也會給外面的人用。所以你要是趕巧了，說不定還能看到精彩的表演呢！

　　這麼想想，當和尚好像還挺好玩的，不過你要是以為當和尚只是在這裡白吃白喝混日子，那你可就大錯特錯了，寺廟裡的功課才是和尚們的主業，這裡做的功課指的是這些：坐禪、課誦、布薩、安居、自恣、普請。聽起來好像很高深的樣子，那麼這些具體都是做些什麼呢？

　　先來說說坐禪，坐禪你應該聽說過吧？什麼？沒有？那《西遊記》總該看過吧，裡面有一集是唐僧和妖怪坐在半空中比試坐禪。不得不說，唐僧的定力是真的好，被妖怪變的臭蟲咬也歸然不動。

那麼，坐禪有什麼講究呢？坐禪可以在特定的時間集體開始，也可以是自己一個人坐著冥想，聽起來似乎挺簡單的，但是如果你真的試一次，就會發現坐禪一點兒也不輕鬆。因為它不僅考驗你的身體素質和承受能力，還考驗你的精神集中力和意志力。只有定力雄厚、修行高深的高僧才能做到保持不動如鐘的姿態很長時間。估計你這樣的菜鳥，坐不到幾分鐘就開始神遊外太空了，不是想待會吃什麼，就是回憶最愛的影視情節，甚至還會無意識地哼起歌來。

下面說說課誦。課誦就是我們常說的念經，一群和尚敲著木魚嘰哩呱啦地誦經。「小和尚念經 —— 有口無心」這個歇後語就來自這裡。課誦一通常是早晚各一次，早晚念的內容還不一樣。早上念的是《大悲咒》、《十小咒》、《心經》等，晚上念的是《佛說阿彌陀經》等。

你這個新手和尚實在是看不懂經文，感覺就像在看天書，只能跟著瞎念念，還念錯了不少字。不過也正常，若是你一開始就能理解經文並且記誦得很順暢，那才是反常呢。

接下來說說布薩，有一句話叫做「吾日三省吾身」，這

句話就可以用來解釋布薩這兩個字。你可以簡單地理解成檢查自己有沒有犯規，就是自我檢討自我反省。每半個月由寺裡的高僧向和尚們重申一下寺裡的清規戒律。每說完一條就要問下面的僧眾「有犯否」，你若是聽成了「有飯否」，還扯著嗓子高聲答一句「有！我這裡還有一包乾糧呢，您要吃嗎？」，那你可就鬧了笑話了。這裡是「犯」，不是「飯」。

「有犯否」的意思是問你們有沒有犯清規戒律。大家聽到問「有犯否」，要齊聲回答有或沒有，有則改之無則加勉，借此機會對自身做出反思。

下面一條是「安居」，一說到這兩個字，你是不是立刻想到了一個詞「安居樂業」？實際上寺廟功課的的「安居」與「安居樂業」的「安居」完全不是一個意思。這裡的安居指的是一種封閉寺廟的行為，有些類似閉關修煉的活動，並且這是集體性的，整個寺廟所有的僧人都要參與。時間通常是每年的冬三月和夏三月，此時寺廟會暫停一些業務，比如接待訪客、外出化緣等等，所有的僧人要暫時與世隔絕，每天念經打坐聽高僧講課，一心一意地修行。

最後的「自恣」是安居的後續活動。每年的夏三月的安居結束以後，接著會舉辦自恣活動。這個活動帶有一定的批鬥性質。僧侶們可以互相批評，也可以自我批評，總之就是盡情挑錯的一個活動。不管誰批評了你，或者甚至是誣陷了你，你都不可以為自己申辯，更不能揪著他的衣領打他一頓，只能閉嘴乖乖接受審判。

這裡的審判是由兩位活動的主持者來進行的，要是他們判定你沒有犯錯，那就沒什麼事；要是判定你確實犯了錯，那就要接受懲罰了。所以啊，平時跟和尚們打好關係，別讓人誣陷了，到時候可真是有口難言。

瞭解了和尚們的日常功課以外，你感覺到寺廟裡的生活似乎也不是想像中那麼枯燥乏味嘛，你在這山林之中聽著師傅們的誦經聲，彷彿自己和自然萬物融為了一體……喂，醒醒，別做夢了，唐朝的佛教，遠沒有表面上這樣風平浪靜，政治因素對佛教的影響深遠且巨大。

其實唐朝最推崇的宗教是道教，唐朝也是第一個明確地將道教至於佛教之上的朝代。這是因為道教的創始人老子名

叫「李耳」，而唐朝統治者也姓李，這下好了，認起親來了，於是道教得到了唐朝統治者的推崇。而佛教的命運，就開始變得跌宕起伏了。

唐朝開國皇帝李淵，在宗教這方面的見解還是非常獨到的，懂得在不同宗教信仰之間相互平衡，李淵深知佛教在社會各階層人士間的地位是不可撼動的，於是並沒有對佛教採取一些阻攔封禁的措施。

從教化方式的角度來說，佛教是向下的，就是面向社會底層人員服務的；而道教是向上的，它的教化對象是統治階級和貴族階級。所以對於統治者來說，道教的實用性更大；而佛教由於深入社會的各個階層，尤其是底層，進而獲得了最為廣泛的群眾基礎。統治者也不太敢貿然撼動佛教的根基，因為佛教的根基是群眾。

到了唐太宗時期，他用實際行動來表示，朝廷對佛教還是護持的。為了慶祝登基後的第一個新年，貞觀二年始，唐太宗邀請了京師很多的高僧來到皇宮，舉行了七天的法會，還是很會籠絡人心的呢。

　　貞觀十五年，唐太宗親自來到弘福寺，與僧人論佛道。他說：「今李家據國，李老在前；釋家治化，則釋門居上」。這是他第一次平等對待佛教，也許只是政治上的一種謀略，唐太宗需要佛教來教化人心。而且他也知道佛門確實有一些博學之士，可以為他所用。

　　釋明瞻是一個三教皆通的大學問家，唐太宗對他相當看重，曾召他入內殿談話。釋慧乘等，博通內外，涉獵子史，也為太宗所接納。還有後來的玄奘西天取經，也可以看出唐太宗對於佛教的態度。

　　武則天取得政權登基之後，為了弱化李唐王朝的影響，便把道教的地位放低了，大力崇尚佛教，採用佛教的思想來治理國家。而且武則天作為第一位女皇帝，本就是開天闢地的創舉，於是當時的社會更加開放，女性擁有更高的地位，更自由的權利，出家為尼的女性也變多，全社會對佛教的信仰更高，佛教的發展也因此來到了一個新的高度。

　　《華嚴經》的翻譯以及弘揚，是顯教修行在中國達到最高峰的標誌。在那一時期，除了弘景、法藏等高僧外，還出

……

現了中國佛教史上最偉大的人物——六祖惠能大師。武則天時代，不但皇帝皇子修學佛法，連宮中太監都修法，京城禪德無數，到處有人坐禪習定，一片佛國氣象。

武則天在崇佛的同時，也沒有過分貶低道教和儒教。相反地，在武則天時代，是歷史上第一個實現「三教平等」的時代。

好景不長，安史之亂的爆發打亂了唐朝盛世的平靜，唐王室遭受嚴重的損失，社會經濟受到毀滅性的打擊，由於各地節度使獨攬地方財政，國庫曾經一度空虛，無法滿足軍需，朝廷和地方官員把魔爪伸向了與世無爭的佛教資源。

佛教的財富由於無所依靠，被大量肆意掠奪，各地大量出賣度牒。西元 755 年，宰相楊國忠曾派遣官員到太原收取度僧道所得的錢財，短短幾十天就募得百萬緡錢。西元 756 年，朝官裴冕和鄭叔清建議出售「空名告身」，授予官爵邑號，因此度僧尼無數，朝廷靠出賣度牒得來的錢，被稱為「香水錢」。

社會動盪，沒有任何一方勢力有能力去阻止這種行為，

出賣度牒的制度一直持續到唐末，給佛教帶來了極為深重的打擊。裸販如來，拿佛菩薩來做生意，這一直是佛陀最反對的。出賣度牒，俗人出家不須經過考試，直接影響了僧尼的整體素質，由於出現了很多只顧世俗利益的假和尚，他們不通佛法，只知道借佛斂財、求功德利益，並造作惡業，敗壞佛教形象。

錢財物資的損失是一方面，文化方面的精神財富的毀滅才是最令人心痛的。安史之亂期間，叛軍甚至官府在搶掠寺院財物的時候，搗毀了許多佛經和高僧的注疏論著，許多傳承了多年的佛教文化精髓毀之一旦，一代代佛教人沉澱下來的文化底蘊被連根拔起，法相宗、華嚴宗和禪宗北宗等隋唐時期才興起的宗派，本就根基尚淺，在此打擊下直接走向衰敗直至毀滅。因為僧團品質的下降，很多出家人根本不守戒律，佛教形象一落千丈，律宗的弘揚也受到了很大的影響。

安史之亂對佛教另一個影響是，中國數百年來以皇家貴族和士大夫為主導的「社會精英」佛教就此終結，取而代之的是佛教的平民化和通俗化。初唐和盛唐以玄奘法師、道宣

律師、法藏法師和神秀禪師等高僧大德活躍於長安、洛陽皇家大寺院、廣受皇家供養為代表的都市佛教，向散佈全國各州名山寺院的叢林佛教過渡，尤其是南方六祖惠能之後，取代了北宗正統地位的禪宗南宗五派七宗的發展，高僧輩出。

晚唐時期，佛教又遭遇了一次災難，那就是唐武宗皇帝滅佛事件。唐武宗年間，有一場道教和佛教的辯論大會，辯題是「論治大國若烹小鮮義」。

代表佛教的知玄法師登座，大陳帝王理道、教化根本，辯說精壯，道士之流都辯不過他。知玄法師對皇帝說「神仙羽化山林匹夫獨善之事，非帝王所宜留神」。渴求長生不老得道成仙的唐武宗聽後不高興了，但是他雖然臉色憤憤不平，卻還是把知玄法師放回去了。

同年正月三日，唐武宗聲明要將那些有戒行的僧尼移到大寺院。又下令讓功德使檢查富有的寺院，給它們留下日常必需外，其他物品全部變賣。這是用冠冕堂皇的理由，公開地搶奪佛教的資產來充盈國庫啊！

同年三月，唐武宗又頒佈了兩道蕩除佛教的詔書，一道

關於剝奪寺產，規定「諸寺錢物，兼貨賣奴婢贖錢，並皆官收，擬充百寮祿料」；另一道關於僧眾還俗，規定天下僧尼四十歲以下者必須還俗。這要求還真夠無理的，但還有更無理的在後頭呢！

當時道教仙台剛剛建好，唐武宗登上仙台，命令七位道士於臺上飛練求仙，結果沒有一位道士能登仙的。這些道士辯稱是佛教的黑氣壓過了道教的仙氣，唐武宗聽了立即敕令，天下僧尼五十歲以下者必須還俗。哦，真是被道士迷惑得不淺啊！

從同年的四月一日開始，皇帝詔令檢校天下寺院僧尼人數。長安開始辦理四十歲以下的僧尼還俗，每天辦理300人，十五天內完成；從十六日開始，辦理五十歲以下到四十一歲的僧尼還俗。官府檢查度牒時，僧尼都不得離開寺院，否則將處以極刑。還有人建議將長安僧尼全部斬首，是一些官員極力相勸，才避免此慘劇的發生。

唐武宗滅佛的真正原因，還是佛教觸犯了統治者的逆鱗，它動搖了唐武宗統治的根基，嚴重威脅到了社會秩序，

造成社會兩極分化，國家財政遭到破壞，而這顯然是唐武宗無法接受的。

五月份，功德使下令沒有度牒的外國僧人回歸本國，規定違抗者將被處以極刑。這等於將生活在中國的天竺、中亞、新羅、日本僧人集體流放。日本僧人圓仁在他的日記中稱，五月十三日，圓仁接到通知，當晚就換了俗衣。兩天後離開長安，踏上日本的歸程。連國際友人都要趕走，還能不能和外國一起愉快地互相交流了？

六月底，全國各州的大小寺院已經基本上被拆除或作他用。長安最富麗堂皇的章敬寺、青龍寺與安國寺等，被改為皇家花園；只留下大慈恩寺、薦福寺、西明寺與莊嚴寺四座寺院，每寺最多留僧 30 人，洛陽的情況亦是一樣。

全國四十一道各允許留寺一座，按照級別可以留僧 5 到 20 人。所以全國加起來包括京都，一共留寺院四十九座，容納僧眾大約 800 人。寺院的田產皆被沒收，無數佛像被毀壞，無數僧尼流離失所。全國佛教界遭遇了空前的打擊，已經奄奄一息。

　　直到唐宣宗時期，佛教的境況才迎來轉機。唐宣宗將京都長安保留的四座寺院增加到十六座。並且派楊欽義去訪求已經被迫還俗的知玄法師，請他恢復僧人的身分，併入居寶應寺。恢復了三齋月禁止屠宰的習俗，六月份是皇帝誕辰日，僧人們又被邀請到宮中，與道士一道接受內齋和獻上祝福。

　　所以宗教在過去君主專制的年代，幾乎是政治手段下的附屬品，儘管在民間有著很高的普及度。直到後世，宗教的力量，準確地說是人民的力量逐漸被君主所重視，宗教信仰自由的制度才逐漸完善。不過不管如何，佛教慈悲為懷的博愛情懷，還是住進了許多人的心間，民間崇佛的風尚一直都在。

假如你
生活在唐朝

第2章

穿越者靠邊站，
沒事別打擾我修仙！

「哪有什麼道術」，道長說完便拂袖轉身，一躍而下，
從山間小徑遁去了。除了佛教，道教文化同樣在唐朝有著舉
足輕重的地位。道教雖然沒有佛教的影響力大，但是它有強
大的後盾呀！這後盾就是唐朝的皇帝。唐朝初期，由於統治
的需要，大力推崇道教，道教的地位開始變高。

道教對於治國有什麼幫助？這幫助可大著呢！唐王朝
的皇帝姓什麼？對了，姓李嘛！道教創始人太上老君老子姓
什麼？對了，也是李嘛！這不就得了，同姓一家親嘛！李唐

王朝需要借太上老君的名聲來穩定民心。同時，道教的那些神仙思想也為李唐王朝的建立提供了輿論力量。

你對道教的印象是什麼樣的？長生不老的金丹？還是羽化登仙的仙術？還是驅魔除妖的茅山道士？的確，對於不瞭解道教和曲解了道教的人來說，道教就是煉丹成仙驅魔求雨，但其實道教的一些思想還是很值得探討的。

唐朝出現了很多道教的學者，比如「藥王」孫思邈，他也是個道士。可能在煉藥方面，也參考了道教中道法自然的精髓吧。還有八仙之一的張果老，這個人就比較富有傳奇色彩了。張果老本名叫做張果，他曾經隱居山中，修行道教之術。武則天曾經派人去請他出山，他摒息裝死不肯出山。後來唐玄宗又派人去請他出山，他這次倒是同意了，跟著使者去了東都洛陽，頗有點三顧茅廬的意思。

玄宗請他入宮，問他神仙之事。這個張果老十分神奇，他自己說活了幾百年了，但是看起來不過六、七十歲而已。他還有一些道家的祕術，給玄宗皇帝試了幾次，也都靈驗了。於是玄宗很高興，這皇帝一高興嘛，不是想送錢就是想

送美女，有時居然連自己的女兒也送。這回，玄宗皇帝本想把玉真公主嫁給他。但張果對當駙馬不感興趣，立刻婉言謝絕了，堅決回到了山裡過他自己的隱逸日子去了。

在唐朝，道士不僅僅叫道士，也有一些別的稱謂。比如方士和術士也是道士的別稱，道士們研究的那些道教之術，就叫做方術了。

說起這方術啊，你肯定立刻就來勁兒了，像所有從小看著林正英演的道士電影長大的人一樣，你對於道士們那些抓鬼抓僵屍的方法一定很感興趣。不過這方術可不止這些，道士們的業務範圍可是很廣的，像什麼煉形、氣功、煉丹、符咒、捉鬼、追魂等等，有的道士還兼職給人行醫占卜。

道士修行的地方叫做道觀，也和寺廟一樣很多道觀都坐落在山間林隙之中，與世俗繁華隔絕，極力營造出道教中的十大洞天，三十六小洞天，七十二福地的境界。道士們在這樣清幽的的環境清修，再加上吃的也是健康的綠色食品，自然就生活得很健康，自有一種仙風道骨的氣質。除了在山林中有道觀外，城市裡也有道觀，不過會儘量選址在清幽的地

方，甚至，連皇宮裡都修建了道觀！

皇宮裡的道觀？難不成是皇帝專門請回宮一位道行最高的道長，為他在宮內修建了一個道觀？不不不，這道觀的主人是大名鼎鼎的太平公主。

當時吐蕃王族原本想娶的是太平公主，武則天覺得這個部落太遠了，捨不得把最寵愛的太平公主嫁過去，但是又不好直接拒絕人家，怕傷了和氣，於是就在宮裡給太平公主造了個道觀，讓太平公主「薰戒」，也就是焚香齋戒。這相當於告訴對方，我們的太平公主已經是個出家人了，不能嫁人啦。不愧是武則天，能想出這個方法來拒絕和親，既讓人無法反駁，又不傷了面子。

太平公主是假裝做了道士，而唐朝的另外兩位公主，金仙公主和玉真公主是真的結伴去當了道士，她們倆還在京城修建道觀，並拜了太平公主的手下史崇玄為師。

這事兒也是有明星效應的，百姓們一看是當今公主創辦的道觀，大都興致盎然，紛紛前去拜訪，沾沾公主的光，於是公主的道觀每天都能吸引上萬人進行各種活動，這是當時

京城一件頗有影響力的事情。

你可能要問了，為什麼好好的公主會想要當道士呢？其實啊，不止是公主想要當道士，唐朝的很多女性都想要做道士。這是為什麼呢？難道是唐朝的女人們都特別想不開，看破紅塵了？這倒也不盡然，主要還是和道教所宣揚的道法有關。

唐朝的一些女性為了達到長生不死，羽化升仙的目的，篤信道教，自願出家為道士。比如宰相李林甫的女兒李騰空就自願入道，潛心修煉。李白有《送內尋廬山女道士李騰空》二首詩記此：「君尋騰空子，應到碧山家。水舂雲母碓，風掃石楠花。苦戀幽居好，相邀弄紫霞。」「多君相門女，學道愛神仙。素手掬青靄，羅衣曳紫煙。一往屏風疊，乘鸞著玉鞭。」

還有些失嫁、或準備改嫁的女子把道觀為轉身待嫁之所。她們出家作道士並不是真正地信仰佛教。女子做了道士便不許婚嫁，但可以隨後還俗再嫁人。這其中最著名的例子就是貴妃楊玉環了。本來是壽王的妃子，唐玄宗看上了她，

便暗示她先入太真觀做女道士，然後再召她入宮為妃。

此外還有些不願改嫁的寡婦，進入道觀修行，清心寡欲地了度殘生，也表明了對去世的丈夫的專情；有些女性為亡靈追福，去做了道士。有些皇帝死了，妃嬪們要被集體送入宮觀超度亡靈。民間的很多做法是在道觀內度個道名為之追福；一些特殊身分的人，比如妓女和宮女，她們老了之後老無所依，出家為道士，以道觀為安生之地；一些女子因為家貧或者家人犯了罪，走投無路，出家做道士尋一口飯吃。

有些女子也會為了尋求自由自在的生活而出家，因為唐朝的道教是提倡男女平等的，所以有些不願受到世俗和男女關係約束的女子會選擇出家。

道教宣導男女平等，因此唐朝女性們的選擇很多，所以上面那麼多看起來會讓你覺得怎麼都是女性，其實男性本來就有很多這樣的例子，許多其他信仰的宗教也是他們的出處，只是在這個朝代女性的例子變得更多更著名了。

第 3 章

竟然聚眾搞封建迷信？我要報警了

　　好了，現在到了喜聞樂見的封建迷信環節，你是不是激動地搓了搓小手。封建迷信，看這個四個字就知道，肯定是封建時代興起的東西，在今天這個堅持唯物主義和科學發展觀的年代肯定是不受待見的。但是你到了唐朝，成為了一個跳大神的巫師，說不定還能在一方水土唬弄大批百姓，成為人人稱道的大師呢。

　　作為一個合格的巫師，術業有專攻是最起碼的，雖然你或許並不相信，但是你還是要弄懂你的業務呀，不然怎麼給

人消災？

　　首先，你需要瞭解的就是占卜。占卜學在古今中外都是一門一直存在的學問，門類很多，分為夢占、星占、雜占等。

　　夢占是依據夢中所見的現象來推斷吉凶的方法，類似周公解夢之類的。第二種是星占，牽扯到天文學了，是根據星象變化與氣象是否反常來推測人事吉凶的一種方術。第三種是雜占，這是民間比較流行的一種占卜，沒有特定的內容和結果，一切都需要你自己去參悟。

　　占卜兩個字可以拆開來看，占是觀測的意思，卜是燒烏龜殼，透過烏龜殼上面的裂紋的形狀來預測吉凶禍福，占卜之術在唐朝用的很多，比如唐太宗在發動玄武門之變之前，就專門燒烏龜殼卜了一卦。

　　你需要掌握的第二個學問是相術，相術又包括相人術、相地術。人術是透過觀察人的形體五官包括頭、面、手掌、體型、聲音、動作等等，以推測人物福禍的方術，就是我們今天所說的看面相、看手相之類。

　　嚴天綱就在朝中極富盛名，很多朝中大臣都請他看相。

……

他最成功的一次看相是看到小時候被父母打扮成男孩的武則天，當時他說了這樣的話，「龍角龍顏，龍睛龍頸，伏羲之相，貴人之極」、「若是女，當為天下主」。當時武則天的父母還覺得這話很奇怪，以為是說錯了，後來果然應驗了，真是不得不令人嘆服相術之準啊。相地術又叫做堪輿術或風水術，就和之前說的房屋風水相關了。

然後是符咒與巫術，這個你在影視劇裡看過很多了。符咒是道教的方術，它包括符籙和咒語兩種，符籙又包括符章和籙書。影視劇中某某道長見到小鬼，從口袋中掏出紙符，大喝一聲「太上老君急急如律令」寫上符文貼在鬼腦門上即可以封印之，這就是我們今天對符咒的印象，林正英老師就是這方面的「專業人士」。

還有一類其他雜術，也就是上述各門類以外的各種方術，像什麼變化術、遁術、求雨術、祝由十三科等以及一些從道教與佛教發展而來的法術，比如五雷術、六甲術等。還有一些屬於民間流傳的異術如避邪術等，在一些江湖野史和民間傳說中廣為流傳。因為比較冷門，若是有客戶要求你展

示，你大可以推脫說你不會。

對了，這巫師也有男女之分。你要問了，男女巫師有什麼區別嗎？難道有什麼事是男的能做而女的不能的？

其實要認真論起來，沒有什麼巫術是非要男的，或者非要女的，只不過很多巫術女巫做起來有得天獨厚的優勢。比如，女巫可以在祈雨、迎神、送神等活動中表演跳舞來通鬼神。

你是不是不服氣，男巫師也可以跳啊！沒錯，跳是可以跳，不過女巫跳起來「畫弦素管聲淺繁，花裙綷縩步秋塵」，比你跳得好看多了。除了跳舞呢，女巫還在祭祀活動中擔當著重要的角色。因為唐朝的女性地位比較高，所以女巫在祭祀活動中也是很重要的。

女巫還擅長演奏樂器。別誤會，這可不是在賣藝，這是實施巫術的需要。作法時彈奏樂器可以影響人們的情緒，讓人們的心情跟著巫術的行進而變化。女巫們常用的樂器有鼓、琵琶、胡琴等。

我們的全能女巫還能治病療傷呢，你說啥？女巫有沒

……

有合格醫師證照？這我可不知道了，但是唐朝人「信巫不信醫」的傳統觀念給了女巫提供了施展的舞臺。

　　和女道士尼姑有著很相近的緣由，女巫絕大多數是社會底層的貧家女子，靠巫術來維持生計，通常女巫們還會收徒弟，將她們的巫術一代代往下傳。這女巫來自百姓之間，自然也就和普通百姓來往得多，誰家要是有人生了怪病，或者是某個地方大旱需要求雨，女巫們就要出門作法了。

　　那時候沒有科學的概念，不論是平民百姓還是達官貴人都或多或少存在著迷信的習俗，有時候出了事生了病，寧可去找巫醫也不去找普通大夫。

　　唐朝永泰年間，盧州別駕牛爽的乳母騎驢磨破了屁股，生起瘡來，其家人就沒有去找大夫，而是找來了女巫來給她作法醫治，結果呢，治療效果出奇得好，比找大夫還要強上許多，這其中的門道還真是無法言說。

　　事實上，不僅王公大臣相信女巫的能力，就連深宮裡的后妃們都是女巫的忠實粉絲。中宗皇后韋氏和她的婆婆武則天一樣，有著很強的權力欲望，妄圖成為第二個女皇。為

了完成她的「霸業」，韋皇后與兩位女巫來往密切。她們分別是崇仁坊的女巫阿來和一個姓「第五」的女巫。這兩個女巫為她的政治目的而賣力地實行巫術，最終還是沒能讓韋皇后達成心願。韋皇后被李隆基殺死後，人們居然在大殿上挖出了巫蠱，看來這韋皇后真是被權力沖昏了頭腦，不擇手段了。

對巫術還有更癡迷的唐中宗，直接在宮中設立了一位「隴西夫人」即一位女巫，給予特權甚至允許她在宮內自由走動，這地位已經超過很多王宮重臣了。

女巫這職業是如此吃香，看來好好修習一番，闖出點名堂來，進宮加爵也不是完全不可能的事，就算是在民間遊歷，也能賺到不少財富和名望，成為一方傳奇女巫也是不錯的，說到這兒，還不趕緊去好好學習！

WWW.foreverbooks.com.tw   yungjiuh@ms45.hinet.net

Power系列　61

假如你生活在唐朝

作　　者　　龔文
出 版 者　　讀品文化事業有限公司
執行編輯　　林秀如
美術編輯　　超感動
內文排版　　姚恩涵

總 經 銷　　永續圖書有限公司
　　　　　　TEL／(02)86473663
　　　　　　FAX／(02)86473660
劃撥帳號　　18669219
地　　址　　22103　新北市汐止區大同路三段 194 號 9 樓之 1
　　　　　　TEL／(02)86473663
　　　　　　FAX／(02)86473660
出 版 日　　2020年12月

法律顧問　　方圓法律事務所　涂成樞律師

國家圖書館出版品預行編目資料

假如你生活在唐朝 ／ 龔文著. -- 初版.
　　-- 新北市：讀品文化，民109.12
　　面；　公分. -- (Power系列；61)
　　ISBN 978-986-453-133-2(平裝)
　　　1.社會生活 2.生活史 3.唐代
634　　　　　　　　　　　109015866

◆ 姓名：　　　　　　　　　　　□男　□女　　　　□單身　□已婚

◆ 生日：　　　　　　　　　　　□非會員　　　　□已是會員

◆ E-Mail：　　　　　　　　　　電話：（　）

◆ 地址：

◆ 學歷：□高中及以下　□專科或大學　□研究所以上　□其他

◆ 職業：□學生　□資訊　□製造　□行銷　□服務　□金融
　　　　□傳播　□公教　□軍警　□自由　□家管　□其他

◆ 閱讀嗜好：□兩性　□心理　□勵志　□傳記　□文學　□健康
　　　　　　□財經　□企管　□行銷　□休閒　□小說　□其他

◆ 您平均一年購書：□5本以下　□6～10本　□11～20
　　　　　　　　　□21～30本以下　□30本以上

◆ 購買此書的金額：

◆ 購自：　　　　　　市(縣)
　　□連鎖書店　□一般書局　□量販店　□超商　□書展
　　□郵購　□網路訂購　□其他

◆ 您購買此書的原因：□書名　□作者　□內容　□封面
　　　　　　　　　　□版面設計　□其他

◆ 建議改進：□內容　□封面　□版面設計　□其他
　　您的建議：

讀好書品嘗人生的美味

假如你生活在唐朝